AF290189

...НА БЕРЕГ ТИХО ВЫБРАЛАСЬ ЛЮБОВЬ...

Любовная лирика

Bibliografische Information der Deutschen Nationalbibliothek:
Die Deutsche Nationalbibliothek verzeichnet diese Publikation in der
Deutschen Nationalbibliografie; detaillierte bibliografische Daten sind im
Internet über www.dnb.de abrufbar.

Herstellung und Verlag:
BoD – Books on Demand, Norderstedt"
ISBN: 9783743109292

Когда вода всемирного потопа
Вернулась вновь в границы берегов,
Из пены уходящего потока
На берег тихо выбралась любовь
И растворилась в воздухе до срока,
А срока было сорок сороков.

И чудаки – еще такие есть -
Вдыхают полной грудью эту смесь.
И ни наград не ждут, ни наказанья,
И, думая, что дышат просто так,
Они внезапно попадают в такт
Такого же неровного дыханья..

Только чувству, словно кораблю,
Долго оставаться на плаву,
Прежде чем узнать, что "я люблю",-
То же, что дышу, или живу!

Из „Баллады о любви“
Владимира Высоцкого,
светлой памяти которого
посвящается эта книга

ПРЕДИСЛОВИЕ

Эта книга обязана своим появлением серии литературных чтений, проходивших под девизом: «Ночи любви – лирика и проза» в одной из лучших картинных галерей – «Kunstraum der Ringstrassen-Galerien», в самом центре Вены.

Откуда вдруг столь непопулярная тема? Если внимательно взглянуть на сегодняшние литературу и кино, то станет ясно – тема любви едва ли находит в них место, она практически изгнана из собственного дома, ее место заняли насилие и бездушные сексуальные влечения; и даже лирика – извечный приют любви – посвящает себя преимущественно описаниям материального мира. Похоже, на фоне столь распростаненной ныне на Западе т.н. культуры свободного тела, культура открытой души обречена на прозябание. Если верить французскому философу Андре Комт-Спонвилю (André Comte-Sponville), сегодня любовь рассматривается обществом как нечто неприличное, в лучшем случае как кич. Может, происходит это оттого, что прозрачность нашего общества вынуждает человека инсинктивно защищаться, он закрывает свою душу, в нем вырабатывается страх перед интимностью отношений и перед другими людьми? В результате литература теряет свою сущность, она становится такой же холодной, как наш компьютеризированный мир.

В целях противостояния данной тенденции и были организованы наши «Ночи любви», которым мы обязаны возникновение этой книги.

Диана Видра

НЕМНОГО О ЛЮБВИ

Тот, кто сомневается в том, что жажда любви ненасытна в душе человеческой, должен лишь взглянуть на тексты самых популярных песен — как часто звучат в них такие слова: «не уходи...», «не покидай меня...». Авторы песен буквально живут темой любви, утраты, тоски по новой встрече, жажды единения любящих душ. А тот, кому необходимо доказательство того, как редко желание вечной любви находит свое исполнение, должен бросить взгляд на статистику разводов. В среднем длительность браков, например, в Австрии едва ли превышает десять лет. Иначе говоря, на одиннадцатом году совместной жизни улетучиваются любовь, желание и радость, оставляя за собой пепел разочарования, из которого рождается новая тоска по новой любви.

То, о чем мы мечтаем, чего хотим, о чем беседуем друг с другом, в конечном итоге находит свое выражение в разных видах искусства, включая литературу. Стоит лишь взглянуть на клишеобразность тем т.н. попкультуры или шлягеров, чтобы увидеть, насколько это непросто, суметь облечь чувства в слова. Передать личное, глубинное, что прячется в твоей душе, в твоем сердце, для этого нужны мастерство и мужество, это вам не избитый „шорох листвы в осенней аллее“. Данная антология демонстрирует такое мужество: ее авторы затрагивают тему, которая лишь с большим трудом позволяет выразить себя словами, ведь она рождается там, где слова немеют, где чувства берут тебя в плен, и у тебя нет сил говорить, тебе хочется только быть...

Helmuth A. Niederle,
президент Австрийского ПЕН-клуба

СОФИЯ БЕНЕДИКТ
Sophia Benedict

Родилась в СССР, с 1984 года живет и работает в Вене. Журналист, писатель, фотограф.

ЗАБУДУ!

Коль тебе не нужна -
уйду!
Забуду, отрину,
другого найду!
В вине утоплю
тоску..
Забуду руки,
краше которых – нет.
Забуду глаз золотистый свет.
Медовые, родниковые -
губы твои.
Забуду, как мысли твои чисты.
Забуду детский, счастливый смех.
И жар любовных утех!
Забуду все.
Соберусь и уйду!

Но где ж я другого такого найду?!

СТАРЫЕ ФОТОГРАФИИ

На пожелтевших
листах бумаги
расплываются
лица
любимых
тобой людей…

А может, это
слезы
застилают
тебе глаза…

***

Бывают у счастья причины?
Серьезные…
Весомые…
Ощутимые…

Нет у счастья веских причин…
Невесомые у счастья причины.

Как крыло мотылька.
Как весенний ветер.
Как смех девочки,
когда травинка щекочет
розовые
ее пяточки…

***

Близкие люди
никогда не живут рядом.
Близкие люди всегда далеко,

но от этого они
становятся
только
ближе…

***

Сердце может вылечить
только другое сердце,
в котором теплиться
лампада
любви…

***

Спой мне песню
о вольном ветре,
спой мне песню
о дальних странах,
где живут
несчастиные короли.
Спой мне песню
о сердцах,
в одиночестве
бродящих
по свету.

***

На развалинах
ушедшего дня
девочкой,
уставшей ждать
чуда,
льет слезы
моя любовь,
склонив голову
на плечо
одиночества…

***

На рубеже
мятежного заката
я глянула
в твои зрачки…

Откуда было знать мне,
это омут?

Лишь оказавшись там,
на дне,
я осознала
всю темноту
твоей души,
я поняла, что
жизнь –
всего лишь путь
между
двумя смертями…

***

Счастливая любовь,
что это есть?
Может, это,
когда не ждешь
от любимого больше,
чем он
желает тебе дать…
И за эти
жалкие крохи,
ты
благословляешь
свою судьбу…

***

Он хороший,
он твой,
но…
ты не любишь его.

Хороших не любят.
То есть,
их любят иначе –

без жара в крови.
без боли в сердце.
без огненных мотыльков,
порхающих
над бездной.

Братской любовью
любят хороших…

А той, другой любовью,
когда страсть

сжигает тебя изнутри…
Ты любишь
того, кто
делает тебе больно.

Того, кто
никогда
не будет
твоим.

***

Вера и
любовь
не нуждаются
в доказательствах.
Душе доказательства
не нужны…

* * *

Любовь – беда.
Слова, как высохший родник.
Потухшие глаза.
У края пропасти стоишь.
Вздыхаешь тихо
и, украдкой
смахнув слезу,
ты возвращаешься обратно -
в беду, в тоску и в тишину.

НЕЖНОСТЬ

Побродить с тобою по полям,
Чувствовать тепло твоей руки,
Посидеть тихонько у реки,
На веранде распивать чаи,
Слушать звон часов с кукушкой,
Целовать тебя в макушку,
Половицами скрипеть
И о прошлом не жалеть.
А вокруг покой и нежность
В легком шепоте берез,
Книг разбросанных небрежность,
Лень и нега сладких грез.

***

Когда их влажные от пота тела
слились в едином порыве,
и животворящая влага,
излилась в сладкой судороге, и
сотворила чудо,
ночные светила
в холодном небе
вздрогнули
от желания и неги,
напрягшись, приняли в себя
этот живой плод.

Это был ты..

***

Тебе с нею радостно.
Тебе с нею просто.
В этом удобном,
комфортном мире,
где благополучие
свисает с веток.
Тебе хорошо.
Но когда наступает осень,
когда луна вырывает из сумрака
голые ветви,
ты вспоминаешь
о той, другой.
Ее ты оставил там,
где душистые поленья
не трещат в камине,
и камина нет,
где нет сада и его георгин,
где ветер поет
в холодной трубе
дешевой гостиницы,
и дождь наотмашь
колотит по окнам…

И ты тоскуешь
по ней одной…

***

Сижу, плачу и пиво пью,
и проклинаю долю свою.
Любви хочу,
ох, как любви хочу!
Полюби меня, кто-нибудь!

Надо перестать быть женщиной…
Перестать любви хотеть.
Тогда можно
спокойно стареть,
сидеть, пиво пить
и не плакать, а петь,
или рассуждать о политике.

А я сижу, пиво пью
и плачу о том, что я женщина.

УСТАЛА

Мне любовь моя сказала:
"Я устала, я устала.
Ждать устала и стареть,
И с тоской в окно глядеть.."

Зеркала стареют в рамах,
Календарь теряет листья,
Осыпаются черешни,
Ты не едешь, только снишься..

Я во сне с тобой гуляю,
Я стихи тебе читаю,
Я люблю тебя во сне.
Просыпаюсь – грустно мне.

Пусто, зябко, неуютно.
Соловей в саду умолк.
Засыхает розы куст,
И почтовый ящик пуст!

* * *

По тонкой глади льда гоняет ветер
Засохший, облетевший лист.
У кромки льда, подставив ветру плечи,
Одна, озябшая, стоишь.
Что видишь ты в той дымке серой?
Что ищет потемневший взгляд?
Четыре года пролетели -
Куда теперь: вперед, назад?

Четыре года муки и любви.
О Господи, на жизнь благослови!

ОЗЯБШИЕ ЧЕРЕШНИ

Когда я влюблена, а влюблена всегда я,
Так романтично дождь стучит в окно,
От страха иль от счастья замирая
Пред тем, что будет иль прошло давно.

Ты добр ко мне. Твои уста безгрешны,
Душа спокойна, помыслы чисты,
А за окном озябшие черешни
Роняют в лужи белые цветы..

***

Своею щедрою десницей
Мне милости дарует князь.
И милостью его царицей
Держу величественно стать.

Он, улыбнувшись молча, взглядом,
Собой доволен, горделив,
Повелевает вдруг отрядам
Войти стремительно в залив.

* * *

Над озером висит луна -
Прекрасна и холодна.
Как твои глаза.
Как твои слова..

Лунной дорогой иду к тебе.
Сердце трепещет в раскрытой руке.
Прижмусь к груди твоей
посильней.
А не мила –
не жалей -
убей!

РИСОВАТЬ ТВОЕ ЛИЦО…

Рисовать твое лицо,
Слушать молча голос милый.
На дворе давно темно.
В склянке высохли чернила.

Ты сидишь – задумччив, тих,
Смотришь пристально на пламя.
Ветер за окошком стих.
Я томлюсь от ожиданья.

Подойду к тебе поближе,
Опущусь к твоим ногам.
Пламя жадно хворост лижет.
Счастье с мукой пополам.

ЛЮБОВЬ ЗЛА!

Бродит по полям старик.
туп, как дуб,
дик и глуп.
Стоит, жует,
песню поет.
И вдруг как заорет -
старуху зовет.
Выходит старая,
с клюкой,
с ногой костяной.
"Милой ты мой!.."
Идут в болота.
У них свои заботы.
Водку пьют,
Песни поют,
ревнуют, бьют,
и снова поют..
Крестьяне крестятся:
"Нечистая бесится.."

ПРИСТАНЬ

Серебром запястий и монист
Я украсила себя сегодня ночью.
Гостю позднему открою дверь
В серебре луны полночной.
Пусть войдет он, долгожданный мой,
Вечный путник на дороге жизни.
Я – его пристанище и дом,
Вечная, взывающая пристань.

Я ПРИДУ К ТЕБЕ ЖЕНЩИНОЙ

Милый мой, я приду к тебе женщиной.
Не растерянной, робкой,
пугливой девчонкой,
а женщиной, которая познала себя
и в себе несет, как ребенка в чреве,
любовь невероятную к тебе.

И ты не сможешь остаться равнодушным,
потому что во мне зреет
этот чудесный плод,
во мне зреет – часть тебя.
Нет, это ты сам пускаешь корни во мне,
как дерево в земле.
Твои ветви высятся надо мной.
Я чувствую, как они зацветают весной,
как на них тяжелеют плоды осенью и,
срываясь от собственной тяжести,
падают вниз, в лоно мое.

Я знаю – ты – Мыслитель,
Пахарь, Творец,
но и тебе надо куда-то упираться ногами.
А я – Земля, я – твой дом,
твой дворец,
который ты сам возвел
своими руками.

ТВОЙ ПУТЬ

Твой светлый взгляд томит меня ночами..
Дуновение ветра доносит ароматы роз
из той счастливой долины,
где ты живешь,
где ты ешь и пьешь,
читаешь книги, мыслишь, любишь жену,
сидишь вечерами в своем саду,
грустишь, наблюдаешь закат,
выращиваешь виноград,
поливаешь землю,
чтобы она приносила плоды,
смотришь вдаль,
на вершину большой горы,
пытаясь разглядеть, что там за ней,
подаешь нищим, ласкаешь детей,
улыбаешься,
и делаешь еще тысячи
тех незаметных дел,
которых суть -
полный величия и смысла
земной путь.

А в это время там, за горой
что-то происходит со мной.

ЯБЛОНИ В ЦВЕТУ

Среди яблонь я цветущих заблудилась,
Утонула в белой пене навсегда.
А из яблонь на меня смотрели
Твои синие, бездонные глаза.

Завлекал меня ты глубже, глубже в сад,
И, бессильна воспротивиться судьбе,
Я, как школьница послушная, пошла,
Утопая в этой праздничной весне.

И не знала я – то ветер или ты -
Сыпал в волосы мне белые цветы
И нашептывал нежнейшие слова.
От любви кружилась голова.

А деревья были с ветром заодно,
То ли ветви, то ли руки распустив,
Рвали с плеч моих одежды полотно.
Я нагая шла по саду. Ты – за мной.

Ты касался белой яблони рукой,
Ревновала я тебя к ее красе.
И желала я со сладостной тоской
Раствориться в этой нежной тишине.

РАЗЛУКУ ВОСПОЮ
1.
Ты уехал. Одна у порога
Я стою, и с тоскою гляжу на дорогу.
Тишина. Колокольчик затух вдалеке.
Тает облачко пыли на дальней меже.
Я стою у порога, одна в тишине
И не знаю я, что происходит во мне.
Темнота. Пустота. Ненароком с собой
Прихватил мою душу возлюбленный мой.
Ну, кому же нужна я теперь без души?
Потемневшие очи, как ночи темны,
И бессонные ночи, как очи пусты.
А дороги земные длинны и грустны.

2.

Мой милый уехал – земля опустела,
Ручьи не журчат и увяли цветы.
Мой милый уехал – душа онемела,
Умолкли в садах золотых соловьи.

Какая пустыня кругом и безмолвье!
Не дрогнет под ветром тугая струна.
Вчера зацветали долины любовью -
Сегодня кругом лишь сухая трава.

Вчера я богатой была и счастливой,
Струились к ногам величаво шелка.
Сегодня – бедна, неумна, некрасива -
Взираю на мир отрешенно одна.

3.

Полили дожди затяжные.
Ты в город уехал давно.
Забитые дачи пустые
И осень стучится в окно.

Унылые голые ветви
В поникшем осеннем саду
Дрожат безутешно под ветром.
Я грустно по дому брожу..

Огонь догорает в камине,
Бьют полночь устало часы..
И комнаты гулки пустые,
И кресла в гостиной пусты.

4

Три дня, как три огромных срока,
А приговор один – любовь.
Три дня, как тридцать три оброка.
Три дня – безжалостный конвой.
Приговорен к любви – навечно.
Навечно приговорена.
С руки срывается колечко..
Ведь жизнь – одна. И смерть – одна.

5.

Вытоптали кони
Все жнивье.
И слетелось на гору воронье.
На гору, на горе,
На горе мое.
Миленький уехал.
Простыл след его

6.

Опять пишу письмо я. Пустота.
Густая дрема душными ночами…
Свеча уж догорела. До утра
Скрипят лишь половицы под ногами.
Хожу, не выхожу тоски.
Молчание сжимает комом горло.
Увозят милых корабли…
И колокол гудит надгробно.
Пишу письмо я в пустоту.
Мой адресат давно уж выбыл.
И почтальоны не несут
Ответных, долгожданных писем…
В пруду такая темная вода
И розы белоснежных лилий.
Тоска моя, моя беда,
Не выхожу, не выпишу, не выпью…

7.

Момент настал, пришла пора прощаться.
Прости меня за холодность речей.
Пришла пора навечно расставаться..
Навечно, насовсем, на весь остаток дней.
Кровь стынет в жилах от ужасных мыслей.
Стою как столб и губ не разожму.
Мне все равно теперь, мне безразлично -
Жить без тебя или лежать в гробу…

8.

Ты уходишь,
целуешь меня у порога.
Ну а там за порогом за этим -
дорога.
Вот уже равнодушно
захлопнулась дверь.
Что же будет со мною,
с тобою теперь?!
Побегу, удержу, притяну, обниму,
сердцем к милому сердцу прильну.
Но не двинуться.
Кончено все.
Тишина.
Стонет ветер.
Окно.
Полнолунье.
Зима.

9.

Что написать тебе, мой милый?
Не видела тебя три дня.
Три раза солнце закатилось,
Три раза кануло в моря.

И трижды зори зажигались,
И трижды падала роса,
И на рассвете кони ржали
И уносились в небеса.

И конь, завидев кобылицу,
Рвал удила и мчался к ней -
Была разбужена станица
Счастливым ржаньем двух коней.

Лишь я одна в тоске взирала
На ширь полей и роскошь звезд,
Я без тебя не замечала
Их восхитительных красот.

Твои глаза мне звезд милее.
Милее всех цветов земли -
Уста медовые твои.

10.
Это такая беда -
ну, просто не звонит телефон.
Видно, случилось что-то на линии.
На линии – между мной и тобой.
Сломалось или
выскочило какое-то реле,
порвалась
связь,
разлетелись ниточки,
по которым шел
ток.
от тебя – ко мне.
Теряюсь -
зачем теперь я мне?

Я – телеграфный столб -
без проводов!
Стою в степи – на семи ветрах…
И ветер не шумит в проводах.

* * *

Твой красный шарф обнимает шею твою.
Ах, как я завидую ему,
твоему шарфу!
Как я хотела бы быть твоим шарфом,
Как я хотела бы обнимать шею твою!
Я бы делала это нежнее, чем он.
Я согревала бы тебя в холодные дни
и молила Бога,
 чтобы продлились они.
Но если не шарфом твоим,
то твоею левой туфлей
хотела бы я быть..
Или правою..
Или – обеими сразу,
ковриком у твоей кровати.
Или твоею кроватью.

Тенью твоей, судьбой..
Крыльями за спиной!

ДОНУ ЖУАНУ, ЛЮБИМОМУ…

1.
Каков он был, тот знаменитый дон,
Который свел с ума севильских жен?
И посрамленные мужья
Искали помощи ружья.

Каков он был, тот дон Жуан,
Любви пленительный обман,
Низавший, словно жемчуга,
На нитку женские сердца?

Красив, как Бог, лукав, как дьявол,
Прекрасен, смел, сладкоречив,
Любезен, изощрен и сладок,
Умен, нахален и учтив.

Таким он снился мне сегодня,
Таким люблю его и я.
Была б я в выборе свободна,
Я выбрала б его, друзья.

Любовь его не вечна, что ж,
Зато уж очень он хорош!
А брака вечная тюрьма –
Не для него, не для меня!

2.
Ах, донна Анна, что за дело!
Не ты одна его хотела.
Тебе дарил он страсть свою,
Но я сильней его люблю.

За что наказан он, мой милый?
За то, что всеми был любим?
За то, что женами Севильи
Он и в аду боготворим?

Ах, донна Анна, пролетели
Любви и счастья времена.
Две опустевшие постели,
Опустошенные сердца.

В аду чертовку молодую
Лобзают грешные уста.
Ты видишь, он нашел другую,
Забыв тебя, забыв меня…

3.
Где ты, мой дон Жуан?
К чьим припадаешь устам?
К чьим ногам бросаешь ты жизнь свою?
(В который уж раз!)
Из чьих рук принимаешь бокал
С любовным ядом?
Почему нет тебя рядом?

Пусть не будет тебе сладко с другой,
Пусть поймешь, что ты – мой!

4.
Мой дон Жуан.. Соблазна полны
Сладкоречивые уста.
Что под покровом ночи темной
Таят лукавые глаза?
Мантилью черную накину
И тихо в сад спущусь к тебе,
И буду слушать ночью синей

Слова, не снившиеся мне.
Слова любви. Прекрасней нету,
Во всей Вселенной ничего.
И будем пить мы до рассвета
Сладчайшее любви вино.
А на рассвете в дымке серой
Потонет мутная заря.
Ах, да какое кому дело,
Что я придумала тебя!

ПЛАЧ СКРИПКИ

1.

Ни одной фальшивой ноты
В музыке твоей за столько лет.
На челе – печать заботы,
На висках – столетий снег.

Губы, приоткрытые в улыбке -
Добрые и мудрые уста.
Любишь ты мои ошибки
И безумные слова.
В музыке твоей тоска и сила,
Нежность и величие, и боль.
Струны, как натянутые жилы,
А смычок, как первая любовь.

2.

Музыкант приставил скрипку
К подбородку..
Как тут быть!
И печальною улыбкой
Озарился светлый лик.
Зарыдала, застонала,
Нежная в его руках,

И дрожала, и стенала,
И молила, вся в слезах.
Он ее любовью мучил,
Сам страдал, ее любя.
Под его смычком могучим
Пела тонкая струна.
И в экстазе упоенья,
Где страдание и боль,
Слезы, радость и сомнение,
Восхищенье и любовь,
Все в одном едином вздохе,
Как в бессмертии слилось,
Стоголосым гулким эхом
В темном зале отдалось.
Но упал смычок бессильно.
Смолкла скрипка. Тишина.
И поникли, словно крылья,
Две руки – как два крыла.

3.
Я – скрипка,
А ты – скрипач.
На струнах моих тебе играть,
Из них извлекать
Радость и плач.
А мне звучать,
Петь и рыдать,
От счастья млеть,
К небу лететь -
Камнем на землю пасть!
Скрипка – скрипач,
Судьба одна.
Что я теперь – без тебя?
То же, что ты – без меня!
Скорей на плечо к тебе – пасть!
Прильнуть щекою к твоей щеке!

Мукою сердце зайдется в тоске.
Я – скрипка,
А ты – скрипач.
Мы неделимы,
Как смех и плач.
Занес лишь смычок -
И я звучу.
Опустишь руку -
И я замолчу.

4.
Скрипка поет на плече скрипача.
Скрипка страдает под взмахом смычка.
Плачет от счастья, немеет от боли..
Он не жалеет ее и не холит.
Он извлекает из недр ее плач -
Этот неистовый гений скрипач.
Изнемогая от счастья и муки,
Любит она его страстные руки.
Вместе слились – роковое единство -
В этом союзе давно и таинственно
Ненависть, страсть, наслажденье и боль,
Что называется словом любовь.

5.
Забытая скрипка лежит в углу,
Разбросаны ноты кругом на полу.
Наказанной школьницей сникла она,
Печали и боли разлуки полна.
Столетья проходят, а он не идет,
Из плена молчанья ее не спасет.
Напрягшись тугою и звонкой струной,
Имя его произносит с тоской.
Она различает в подъезде шаги..
Но нет, не его. Чужие они.

Послушницей, давшей обет молчать,
Пока не вернется ее скрипач,
Притихшею девочкой ждет она..
За окнами гулко шумит тишина..

6.
В музее под стеклом реликвией старинной
Застыла скрипка в вечной немоте.
Когда-то сам великий Паганини
Дивился ее страшной красоте.

Звучала музыка неистово и страстно
И рвались струны под его рукой.
Овладевая ею нежно или властно
Он был всесилен. Да, он был такой.

Ни Бог, ни дьявол, нет, ничто не вечно.
Поблекли звезды, выцвела земля.
Любовь и счастье в мире быстротечны.
Лишь одиночество в музее – на века.

ПЯТНО НА СТОЛЕШНИЦЕ

Это пятно на столешнице
приковало мой взгляд…
И странное чувство возникло…
Откуда такая нежность
к какому-то пятну?
Ах, как это было давно…
Рубином текло вино в бокалы,
отражая блики свечей…
И воск свечи –
расплавленным янтарем –
стекал на столешницу

***

Луна лениво освещала
Туманную ночную жуть.
И снилось мне: я целовала
Твою пергаментную грудь.
Скользил устало луч надежды
По мертвой, выцветшей воде.
Лиловый свет – немой и нежный
стелился под ноги тебе.
Стоял ты, холоден и тонок,
И вдаль смотрел перед собой.
Я просыпалась и спросонок,
шептала: "Где ты, милый мой?.."
Луна плыла средь океана
Холодных волн, холодных дум.
И так спокойно, и так странно
В даль простирался лунный путь.

***

По Чехии гуляют
влюбленные голландцы.
Рябиной горькой пахнут
голландские уста.
Влюбленные глаза,
забудьте осторожность -
по лезвию ножа
скользит рассветный луч.
Соблазна полон взгляд,
а рот, как спелый колос.
Как сладки поцелуи!
Ах, как горьки слова!
Слова, слова, слова..
Восторг в застывшем взгляде.

И снова ускользает,
и снова – дальний путь.
Приблизился – живешь.
Уходит – замираешь.
И снова, снова ждешь,
чтоб снова умирать..
И думаешь о том…

В Голландии туманы.
В Голландии фонтаны.
В Голландии тюльпаны
красивей ваших роз.
В Голландии такие
высокие голландцы,
с глазами золотистыми,
как искорки костров.

Голландские глаза,
голландские уста!
Вкуснее нет плода,
роскошнее светила.
А ты – такая глупая,
влюбленная в голландца,.
ну, просто сумасшедшая,
сошедшая с ума.

***

Наши миры
вращаются
вокруг разных солнц.

Сближение галактик
неизбежно ведет
к катастрофе.

***

Любовь
лишает сердце
свободы.
Не оттого ли влюбленные
поднимают глаза
к просторам Вселенной, и

в тоске смотрят на звезды,
серебром вытканные
по ночной бесконечности
шлейфа ночи,
и мы слышим
стоны,
разрывающие
их грудь…

***

Уходит все.
Усталости на зная,
качает маятник поникшей головой.
Уходит все.
Как сердце замирает.
Уйду и я однажды, милый мой.

Я прижимаюсь лбом к озябшему стеклу,
Пылающей рукой сжимая шаль.
Березка стонет на ветру
И облака текут куда-то вдаль..

***

Женщина, которую ты любишь,
это бездна,
втягивающая
тебя в свои глубины,
она лишает тебя любви
других женщин.
Теплое ее дыхание
пленяет,
пробуждая
космические чувства и
страх одиночества
в твоей душе…

Она всюду с тобой,
женщина,
которую любишь ты.
Как навязчивая мысль.
Как уязвленное самолюбие.

***

Я знаю,
ты любишь
распутных женщин,
рыжеволосых,
распластанных
по асфальтам
больших городов.

Потому что
ты любишь
Женщину…

***
Ты спросил,
кого я люблю больше –
тебя или жизнь,
и я ответила -
жизнь.
Тогда ты
покинул меня.

А я поняла,
что жизнь – это ты..

Когда ты был со мной,
я была.
Когда ты был рядом,
я была я,
а теперь…

Я молю всех богов,
чтобы они вернули меня мне…

***
Для того, чтобы выйти
в открытый Космос,
говорил ты,
надо ликвидировать стены.
К чему смотреть в море,
если можно в него войти?…
Надо лишь найти мужество, и
покинуть
панцирь комфорта,
в плену у которого ты живешь.
Надо начать движение,
и, набрав

критическую массу жажды свободы,
обрушиться в Океан.

Познав Океан, ты уже не сможешь…

И я шагнула.
И я познала.
И я не могу…

Мир распался,
разрушилось господство Целого,
эта иллюзия
непрерывности времени,
которое –
всего лишь -
потоки кристаллов света,
бьющих наотмашь,
и уносящих тебя
за горизонт событий,
в глубины радиуса гравитации.

***

Ты обещал подарить мне даль,
небо и океан
под флагом
Веселого Роджера,
а закончил бухточкой
в тесном заливе,
с нумерованными причалами
и строгими правилами,
под флагом трусливой страны.

Вот она – сермяжная правда
мужчины,
и даже лучшего из всех…

***
Ты жестоко привык – брать,
не спрашивая.
Наверное, это хорошо.
Наверное,
это очень даже приятно,
брать не спрашивая,
ни у кого ничего не спрашивая.
Наверное, это здорово,
когда одна лишь страсть,
и никакой вины.

Но что можно
подарить человеку,
который берет,
не спрашивая?
Нежность, например…
Ее не возьмешь,
спрашивая.
Любовь…
О, эта коварная леди
сама
никого ни о о чем
не спрашивает,
свои законы она пишет сама

кровью
по ночному песку
мироздания.

***
Невидимая твоя тень,
светлячком кружась
над моей жизнью,
освещает ее лабиринты.
Когда я вижу, что идет дождь,
я знаю, это ты рядом.
Если дождя нет,
это тоже ты.
И это неважно,
Что…

***
Ту часть тебя, которая
Мотылек,
нежный, ранимый,
я буду любить вечно….

Ту часть тебя, которая
Мастер,
я сохраню
в моем сердце.

Над той частью тебя,
которая
Злой Ребенок,
я буду плакать
слезами матери…

Ту часть тебя, которая…
Над нею
я буду
скорбеть…

***

Знаешь,
мне кажется,
мне очень даже кажется,
открылась
обещанная дверь..
И звезды..

***

Вливая в юную душу яд лести,
искуситель наполняет
сосуд любви к себе,
порождая зависимость.
И душа просит –
еще и еще…

А когда настает
час расплаты,
подбитым лебедем
падает вниз.

Лишь тот, кому
удалось выжить,
будет умирать
снова и снова,
и смерть
станет его подругой..

БЫЛОЕ

Мне снятся сны…
В которых я
вижу себя девочкой
на морском берегу,
где разливается
душное стаккато цикад.
Вижу себя
робким подростком,
боящимся жизни,
испытывающим страх
перед тем,
что скрывается
за сладким словом
любовь.
Другие
утверждают законы,
по которым жить приходится мне,
это они развешивали флажки…
Но во сне…
Во сне не было их власти.
Во сне я была я…
Волны нежно и страстно
ласкают камни,
пытаясь вымолить у них что-то.
Но камни молчат.
Потому что они – камни.

И вдруг…
Из сумрака ночи
по острию лунного луча
неторопливо и стремительно.
движется
одинокая тень.
Сердце мое наполняется страхом…

Я уже вижу профиль
и черную прядь волос,
на высоком челе.
В темных глазах
отражается холод звезд.

Рука ложится на мое плечо,
я чувствую ее силу,
неожиданную
в изяществе
гибкого тела.
Пылающий рот
обжигает губы мои.

Наши сосуды сливаются воедино,
огонь
наполняет мои жилы,
и я вижу все то,
что видел он,
не знающий покоя
и живущий вечно.

Теперь я знаю, кто он –
суровый и одинокий,
с огнем вместо крови,
его я любила всегда.

Пустынный берег
прочеркивают снопы света –

это прожектора
стерегут границу.

„Границ нет“, – говорит он,
и уводит меня
в тень погрустневших дерев.

„Перешагнув рубеж,
я стану такой, как ты?“, -
спрашиваю я.
„Нет“, – отвечает он,
и я благодарна ему за правду.

„Такая, как я, ты мне не нужна“, –
говорит он,

и я понимаю, он умеет любить.
Любить так,
как любит лишь тот,
кто познал одиночество ночи.

Дрожь его тела рождает
страх.
Шершавый ствол дерева,
все еще теплый
после знойного дня,
вонзается в мои плечи.
С его уст
срывается грубое слово,
которым он называет то,
что собирается сделать со мной.
Оно ранит меня,
и я ненавижу его за это.

„Забудь свою гордость, -
говорит он, вливая в меня
яд свободы желания, -
льстивых заверений в любви
ты от меня не услышишь“.
Испуганный звереныш,
живущий во мне,
сопротивляется,
но мой протест

лишь питает его страсть.
Губы его…
Поцелуй так глубок…

Его сладость приручает звереныша…

Ласки нежны и грубы.
Он берет мою руку
и вкладывает
в мою ладонь
то,
о чем я не смею думать,
имени чему в моем лексиконе нет.
Ему зачем-то так надо…
Чтобы я сама
захотела -
взломать замок.

Во мне пробуждается
звериная моя суть.
Я вижу пропасть,
а за нею пятно Бесконечности.

Испив из чаши
желания,
я увидела Смерть,
она стояла рядом,
но страха во мне не было.
Потому что
есть в мире
нечто – сильнее Смерти.
Испив
от яда наших желаний
я выжила.
Выжив,
познала себя.

Он говорил на рассвете:
„Любовь –
это самая большая иллюзия,
на самом деле
каждый
любит только себя.
И даже тот, который себя не любит,
любит себя, истекая
кровью
из-за
отсутствия взаимности.
Теперь ты знаешь,
чего хочешь ты.
Теперь ты любишь
свое Желание,
а это значит,
ты любишь Меня.
Это единственная истина,
других истин нет“.

„Ты вернешься?“, –
молчаливо
спросила я,
когда
он
уходил в рассвет.

***
Подыши в мое ушко,
шепни какую-то гадость.
Лицо мое покроется краской стыда.
Знаешь, я еще умею краснеть.
В надломленном звоне
колоколов к заутрене
услышу голос греха.
О, как сладко, как страшно
замирает сердце!

Стою, нагая, на семи ветрах.
А восьмой –
он самый
нежныйй.
Он – мой!

МОЯ КОЛЛЕКЦИЯ

Один собирает марки,
другой – этикетки спичечные,
третий – ворованные полотна
художников второй половины
восемнадцатого века
прячет у себя в подвале,
за семью замками.
А я собираю твои улыбки,
взгляды твои коллекционирую.
Смешок или невзначай оброненное
слово
подбираю я.
Так нищий на улице
подбирает окурок.
Тебе это слово – пустяк,
как окурок прохожему.

А мне оно –
как тот же окурок нищему,
тоскующему
по долгожданной затяжке.
Собираю движения рук твоих,
поворот головы,
взмах ресниц.
Храню глубоко,
в сердце своем
от завистников злых.
Когда город спит
глубочайшим сном,
и даже у звезд на небе
смыкаются глаза,
я прихожу сюда и,
замирая от восторга,
перебираю сокровища,
гордой владелицей коих
являюсь я.
Улыбки хранятся
в коробке из-под цветных карандашей.
Взгляды не умещаются нигде.
О, взгляды так много таят в себе!
Взгляд – Утешитель.
Взгляд – Мудрец.
Взгляд – Соблазнитель.
Взгляд – Гордец.
Взгляд – Художник и
И Взгляд – Творец.
И еще много
совсем маленьких,
грустных или веселеньких взглядов.
Но ни одного – как ни ищи –
нет ни одного лживого среди них.
Ни одного взгляда,
обещающего рай

на грешной земле.
Совсем отдельно хранятся слова.
Вот это ты обронил вчера –
слово, похожее на изумруд.
Все слова твои –
драгоценные камни чистейшей воды,
где выверена каждая грань до микрона.
Что по сравненью со мной
все Рокфеллеры и Дюпоны!
Так, мелюзга!
Ночь смыкает глаза.
Над городом занимается день.
Вот замаячила чья-то тень..
Собираю сокровища,
прячу их глубоко,
чтобы не нашел никто.
Вешаю на сердце двенадцать замков
и мечтаю вновь
о минуте свободы и одиночества,
чтобы вернувшим в свои тайники,
перебирать снова твои –
взгляды,
улыбки,
кивки,
смешки,
слова.
И рукопожатия.
О, их я ношу с собой,
вместе со своею рукой,
которую пожимаешь ты
при каждом "здравствуй"
и каждом "прощай".
Прижимаю ладонь к губам
и слушаю сердце свое – там
тысячи скрипок выводят
мелодию любви и восторга…

***

Не уходи!
никто не сможет
понять тебя так,
как пойму тебя
я.

Не уходи!
никто не сможет
понять меня так,
как поймешь меня
ты.

Не уходи!
Никто не сможет
любить…

Но ты ушел.
И рана
кровоточит
в моей душе..

***

По статистике -
семь лет жизни
любимых мы ждем.
Ао разве в это врмя
мы не живем?

СМЕРТЬ ПАЖА

Написалось как-то само собой
Стихотворение про любовь,
Стихотворение о юном паже,
О погибшей в любви молодой душе.
Роза, корабль, шпага, перо –
Боже, как это было давно!
Умереть или жить, или пить вино –
Это уже все равно.
Что случилось с юным пажом?
Найден он был в сердце с ножом.
А что же любимая? Где она?
Королева - нежная убийцы жена.

* * *

Ты говоришь,
а я глаз не могу свести с губ твоих.
Ты перехватываешь мой взгляд,
и я отвожу глаза.
Смотрю в угол сумрачной комнаты.
Ее заволакивает туман.
В тумане, как свечи, вспыхивают ирисы.
Нет сил поднять глаза…
Ты говоришь о Любви….

Любовь – это Ангел.
Ангел – ты.
Ты – Любовь.
Круг замкнулся.
Так Солнце
завершает
очередной оборот
вокруг Земли!

Твои виски хочу зажать в моих ладонях.
Тебя защитить от мыслей суровых,
от бед лихих.
Спи, милый, спи.
Твоя голова на моей груди.

Ты не слышишь, о чем думаю я…

ПОЗВОЛЬ!

Позволь любить тебя,
позволь мне стать твоею.
О, не гони!
Прижми меня к груди.
Позволь насытиться тобою,
надышаться,
счастливою под утро засыпать,
уткнувшись носом мне
в твою подмышку,
замирая,
нежнейший аромат ее вдыхать.
Что для ушей святая скрипка Паганини,
для кожи есть касание твое.
И все поет во мне,
и все ликует,
кажусь сама себе я божеством.
О, не меняй, молю тебя, любимый,
Прекрасные сады Семирамиды
на эти Гефсиманские сады!

ВОЗВРАЩЕНИЕ

После дальней дороги и злых путешествий
Я вернулась к тебе, ненаглядный ты мой.
Нет в далеких краях ничего интересного.
Интересное все происходит с тобой.
Например, по утрам, когда
ты просыпаешься
и чело золотит
первый солнечный луч,
ты зеваешь, потягиваясь,
 и идешь умываешься,
Плещешь воду в лицо – и
небрит, и колюч..
Или вот, например, когда ты улыбаешься,
и острота слетает легко с языка,
когда злишься, грустишь,
пьешь вино, развлекаешься..
Есть ли радость такая в далеких краях?!

* * *

Невыносимые слова.
Невыносимые глаза.
Стоять и ждать - невыносимо.
Невыносимо - дверь открыть.
Бежать во след невыносимо.
Невыносимо - жить!

Несносна память, прошлое темно.
Влачится жизнь
больной и старой клячей.
Смотрю с тоскою в темное окно,
там небо, как ребенок плачет.

* * *

Ах, грустно мне, грустно!
Я умираю в тоске - по тебе.
Мы птицы с тобой,
но по прихоти жизни
мы заперты злою рукой
в две разные клетки.
Мы видим друг друга,
мы слышим друг друга,
а я хочу тебя осязать,
а я хочу тебя обонять,
Кожей любить,
не только глазами.
Слышать биение
сердца любимого
у себя на груди. Пойми!
Бьюсь грудью о прутья клетки
до крови, из последних сил.
Но клетка – крепка проклятая,
как броня, не пускает меня.

Ах, зачем бедной птице крылья,
если они не могут
отнести к милому?!

* * *

Возвращение к истокам.
К истокам света.
К истокам любви.
К истокам знания.
К древу познания.
К заветному плоду.
К запретному плоду.
Дорогами нехожеными.
Тропами нетоптаными.

Вернуться и все начать -
с начала.
Первый луч - света.
Любовь - с рассвета.
С начала - счастье.
С начала - знание.
И брызжет сок -
надкушенного яблока.
Плод запретный - сладок.
На искушение человек -
падок.
Свобода.
Протест.
Счастье потери.
Радость открытия.
Райские двери..

***

Игла
Твоих зеленых глаз.
вонзилась в сердце мое,
и с тех пор
неуловимая и осязаемая
плоть желаний
томит мою душу, и я
послушно следую
за своею тенью,
не спрашивая,
на какой край земли
она меня заведет.
Моя тень - это все,
что у меня осталось.
Она одна
способна
хранить верность…

***

О Господи! Что скажут Небеса!
Я в своего Ангела-Хранителя влюблена!
Он возник однажды
пред взором моим
в проеме дверей –
весь свет и пламя.
И с тех пор я не сплю ночей,
я живу ожиданием….
Полюбила его
любовью здешней,
любовью грешной.
Не тою - с молитвами у икон,
со строгими ликами,
с трепетом священным,
коленопреклоненным.
Да, преклоняю колени свои
пред тобой - прости!
Прости меня, Ангел мой.
Прости мои вожделения грешные,
мои ночи одинокие, безутешные,
мою плоть, взывающую к Тебе,
мои губы, жаждущие поцелуев твоих.
мою постель, приготовленную для двоих.
Лежу распростертая у любимых ног -
госпожа и раба, жар и лед.
Милостыни прошу – Любви твоей -
и стану счастливейшею из людей,
если один благосклонный взгляд Твой получу.
Замкнешься ты в гордыне своей,
стану несчастнейшею из людей,
стану пить горькую
и ночами выть на луну тонкую
одиноким волком,
покинутою женой..
Полюби меня, Ангел мой!

АВСТРИЙСКАЯ ПОЭЗИЯ

*в переводе
на русский язык
Дианы Видра*

ГАБИ Г. БЛАТТЛ
Gaby G. Blattl

Живет и работает в Вене. Пишет лирику и рассказы, в настоящее время работает над своим первым романом. Пять изданных книг, два аудиодиска с музыкой и стихами

ЭТО ТЫ?

Не спала я,
бродила
по троптнкам средь сна
где меняется все –
и следы, и дела,
в тех загадочных весях,
где пробужденье
с доемой сливается.

Слышала голос
печали я нежной,
из темноты
он по имени звал меня,
и запах ладана,
и влажность
потухших свечей

скажи мне, это был ты?

ВЕЧЕРНЯЯ ТИШИНА

готова к ночи
в своем
молчании
как лист на дереве
спасаюсь от света дня
его суеты и долга

конец песни
в невысказанной жалобе
вечер в смирении
ночь терпенья

ЭТО ЖИЗНЬ

читать ненаписанное
слушать невысказанное
думать о том, чего нет
видеть не созданные
картины вселенной
слушать не рожденные
мелодии
жить жизнь, не успев родиться
в бессмысленном
искать смысл
и находить
– это тоже жизнь

БУХЕНОРТ[1], ОН ВЕЗДЕ

Бухенорт раскинулся широко
мысли
зависли в прошлом
полузабытые
провалы
давнего дня
начало
жизни
внедряется
в сознание
не уйти
от воспоминаний
от боли
прошлого

оставаться мужественной
заклиная тени…
оставаться мужественной
но не уйти
от старых духов
не изгнать их

Бухенорт, он везде!

---

[1] Деревня в Верхней Австрии

ЭТО ТАК…

В тесном сплетении
с природой я
одно целое с ароматами
диких трав
на зеленом лугу
в сумерки
с шумом
водопада,
с всполохами
зимней грозы,
с голосами грачей –
быть одной
быть одной
со всем этим

КОГДА Я ДУМАЛА…

Когда я думала, что любовь повстречалась мне,
я хотела ее удержать в руках моих,
но руки мои были пусты.
Ничего не осталось мне.

И снова думала я, любовь повстречалась мне,
И снова хотела удержать ее осторожно,
но в раковине моих рук
не было ничего, кроме вздоха.

И вот однажды она возникла передо мной.
Теперь я знала, ее не надо держать.
И она сама вошла в мои объятья,
и знала я, руки мои отныне не будут пусты!

АТЛАНТИДА

В темном течении времени
без корней, без отчизны
без руля, без ветрил
между вчера и сегодня
в вечном поиске завтра
человек

В вечнеом поиске Атлантиды?

Конец эпохи.
Весь в слезах.
В растерянности недоумевая
пред новым течением,
не в силах
найти в сегодня
свое место,
испытвает страх перед завтра
человек

Атлантида –
человечества давняя мечта
забытая и реальная
лежит в руинах
на дне морском.

Атлантида –
меж фараонами и храмами
восьмой континент?

А надо ли желать
Найти ее?

ТВОЯ УЛЫБКА

Легкой тенью
была твоя улыбка
на утренней заре
в первых лучах солнца
и в темной ночи.

Как если бы в защиту мне была
подарена – твоя улыбка.

Во времени потерянную,
нашла ее снова
в нежной зелени весенних берез,
в цветущей яблоне,
в изумруде летнего луга,
в цветущей вишне,
в светлой зелени
летних полей
между осенним
безвременником
и мимозой.

Твоя улыбка
в раскаленном солнце,
и в желто-бледной луне,
в сиянии фонарей,
когда начинается ночь.

Твоя улыбка
живет во мне
всегда.

ЖАТВА ВЕТРА..

Не нежной рукою женщины
собраны нежно,
не крепкой мужской рукой
оборвано грубо,
и не преждевременно
робко
детской рукой.
Убрано ветром,
рассеяно в воздухе,
грубо разбросано
временем
Жатва ветра.

СЕРЕДИНА ЖИЗНИ

Между днем и наступлением сумерек
свет без тени завершает день.

Маятники мыслей ходят вразнобой,
теряя воспоминанья,
на поворотах.

Воспоминание о чуде момента
в гнездышке истока времени лежит момент
потери рая.

В этой конечной точке нет настоящего,
нет реальности.

Лишь взгляд любимого,
его мысль, наполненная любовью,
звучание имени
пронзает приходящую темноту.

ВСТРЕЧА

В ночь полнолуния
звучала песня
наших сердец.
Мы повстречались
друг другу.
Ты и я.
Боль двух волн,
идущих навстречу и
разбивающихся друг о друга
чтобы снова отхлынуть,
и снова встретиться,
друг в друга вонзиться,
держать и сдавать рубежи.
Две волны?
Повстречались
два мира.
Зазвучала песнь двух сердец,
пронзенных струями света

и зачарованных –
касаньем
дыхания жизни.
Нежно струилась мелодия;
песня жизни,
и тихо
открылось окно,
все обещая.
В эту ночь полнолуния
светила одна звезда – Юпитер.
Мы шли, мечтая,
рука в руке,
Млечным путем.
Под ногами ракушки
далекого моря.

Мимо горных хребтов,
чрез пространство и время
к новой Земле
на новом небе
шагало прошлое.
Наши взгляды тонули
в бесконечности
времени –
в миллионах веков видели мы,
как бесконечность становилась
пространством.
День вечности, когда Земля
расплавленной каплей
упала с Солнца.
Превращенье стало нам бытием.
Такая малость стала нам бытием.
И потом еще больше,
и зазвучала музыка.
Открылось пространство,
нас принимая,
как соучастников.

Таинственной руной
возникла Кассиопея,
и Андромеда – квадрат Пегаса.
Мы мечтали в ночи,
Луна всходила
и таяло все в серебряном свете,
а мы все глубже
проваливались в ночь,
мечтая друг друга познать.
И все растворялось вокруг
в наших фантазиях,
мы слушали голос
вечности
в ту ночь полнолуния.

ДИТМАР ФЮССЕЛЬ
Dietmar Füssel

Родился в 1958 году в Нижней Австрии. Писатель, библтиотекарь, художник-акционист. Живет в Германии. Долгое время жил в Южной Америке. Латиноамерикая лирика наложила свой отпечаток на его творчество.

ТЫ – МОЯ РОДИНА

Ты – моя пристань,
Ты – мой корабль
Груженный любовью
И радостью жизни.

Ты – мой остров,
Мой пальмовый брег,
Мой мёд,
Мой нектар,
Мой пьянящий напиток

Ты – моя родина,
Ты мой накрытый стол,
Ложе мое,
Все мое,
Мой парадиз…

СВЕТИ, ЛЮБИМАЯ

Свети, любимая, как та луна,
Свети, любимая, как та звезда,
Свети в ночи лишь для меня,
Чудесным теплым светом
В моей могиле буду я один,
там тесно и темно,
в моей могиле,
буду я.

Танцуй, любимая, как Йемайаф,
Танцуй, любимая, как Охун,
Танцуй сегодня лишь со мной,
полна желания и неги.
В моей могиле буду я один,
там тесно и темно,
в моей могиле,
буду я.

Пой, милая, танцуй и веселись,
и смейся без конца,
Смеяться будем мы,
Как той весной,
Когда так молоды мы были.
В моей могиле буду я один,
там тесно и темно,
в моей могиле,
буду я.

ПРОКЛЯТИЕ ПОКИНУТЫХ

Желаю долго тебе жить,
Пусть даже ты меня покинул.
На все четыре стороны живи
С другой, которая тебе милей.
Друзья тебя не понимают,
Нет, ни один из них,
Тперь они
Мои друзья, не наши.

Желаю долго тебе жить,
Пусть даже ты меня покинул
Стареть ты будешь без меня,
С тобой старухой она станет
Беззубой, безобразной и слепой.
Когда же красота ее покинет
Ее злобство останется при ней,
властолюбивой, жадной ведьме.
Вот этого желаю я тебе.

Желаю долго жить тебе,
Пусть даже ты меня покинул.
Инсульт с холерой не убьют,
тебя лишь прикуют к постели.
И пусть она тебя покинет,
И умирать ты будешь в богадельне.

Но прежде долго-долго жить тебе желаю,
Забытым всеми, всеми позабытым.
Желаю долго жить тебе,
Пусть даже ты меня покинул
Желаю долгой жизни я тебе
В болезнях, в боли и в сомненьях…

В СЕРДЦЕ ТВОЕМ

Имя мое я напишу
в сердце твоем
кровью своей,
и пусть
смешаются две наши крови.
Чтоб знал ты,
что ты мой.
А я твоя.
Что я тебя люблю
и ненавижу.
Так было и так будет.
Да, я люблю тебя.
И ненавижу
Так было и так будет.

Имя мое я напишу
ребром моим
в сердце твоем,
и пусть смешаются
две наши боли.
Чтоб знал ты,
что ты мой.
А я твоя.
Что я тебя люблю
и ненавижу.
Так было и так будет.
Да, я люблю тебя
и ненавижу.
Так было и так будет.

Дша моя смешается с твоей –
Во всей любви
и ненависти всей,
на счастье или на горе,
их разлучить не сможет
даже Бог.
Чтоб знал ты,
что ты мой.
А я твоя.
Что я тебя люблю
и ненавижу.
Так было и так будет.
Да, я люблю тебя
и ненавижу.
Так было и так будет.

НА УЛИЦЕ

Как много людей
на улице,
женщин, мужчин,
старых и юных,
бедных, богатых
хороших, плохих,
красивых и страшных
людей.

Но никто из них
не трогает сердца,
его нет среди них.
Нет песен, нет смеха.
Нет танцев на улице.
Город мертв без него!

Так много людей
на улице,
мужчин и женщин,
старых и юных
бедных, богатых
хороших, плохих,
красивых и страшных
людей.

Если бы все они
стали мертвы
для того,
чтобы
жила ты,
мы танцевали бы вместе, смеялись.
Сколько жизни
было б тогда
на улице!

ПУТЕШЕСТВЕННИК

Я – путешественник,
всегда путешественник,
имя мое
Путешественник,
Маргарита!

Когда я встретил тебя,
ты была так хороша,
ты была так молода,
благоухала, как ветер весной.
Я танцевал с тобой,

я пил с тобою напиток любви,
а ты спросила,
кто я такой.

Я – путешественник,
всегда путешественник,
имя мое
Путешественник,
Маргарита!

Когда я взошел к тебе,
ты просила, чтоб я остался.
Твои поцелуи были полны обещаний,
твое тепло было наполнено негой.

Но за каждою ночью следует день.
Ты спала, как ребенок,
а я ушел, что б тебя не будить,
ступая тихо, так было всегда.

Я – путешественник,
всегда путешественник,
имя мое
Путешественник,
Маргарита!

ВОСПОМИНАНИЯ ЭТО ШЛЮХА

Воспоминания, это шлюха,
она с тобою только сейчас,
она не хочет
смотреть вперед.

Она великая лгунья,
продажная шалая тварь,
на побрякушки
падкая.
Весь мир для нее
черно-белый.
Нет, не невеста она,
вдова…

Воспоминания, это шлюха,
такой была она вечно,
неверной и шалою
лгуньей,
доступной всем…

Но как же она хороша!
Как прекрасна!
Ни с кем не был я счастлив так,
как счастлив я был с тобой.

Вернуть бы счастье!
Не могу не думать я о ней.
Словно связан нею
Ннитию крепкой…

УРОДСТВО

Страданье вдвоем, говрят,
лто лишь полстраданья.
Но не уродство, нет,
ведь полуродства не бывает.

Твое лицо,
все в шрамах
от укусов
собак.

Мое лицо
уродливо
от
рожденья.

На улице
прохожие
отводят
стыдливо взгляды,

и шепчут
детям,
что бы те
не пялили на нас глаза.

Зато когда мы
Снова дома,
мы закрываем шторы
и выключаем свет.

И нет тогда тогда
ни взглядов,
ни людей,
и света нет.

„Послушай, милый...“
„Что хочешь мне сказать, родной?“
„Люблю тебя,
Тебя милее нет на свете...“

Нежно
меня лаская
ты шпчешь мне в ответ:
«Люблю...»

ДОКАЗАТЕЛЬСТВО ЛЮБВИ

Коль любишь ты меня,
сказала ты,
коль, правда, любишь ты меня,
купи мне эту брошь.
Не ту, вон эту ты мне купи –
с огромным бриллиантом!

И я любил ее,
да, я ее любил,
и я купил ей эту брошь,
за это
заложив полдома.

Коль любишь ты меня,
сказала ты,
коль любишь, правда, ты меня,
не позволяй вот этим типам
меня глазами раздевать,

вот этим типам,
в сапогах.

И я любил ее,
да, я ее любил,
и я сцепился со сворой типов тех крутых,
с тех пор
вторая половина моего дома
принадлежит дантисту моему.

Коль любишь ты меня,
сказала ты,
коль любишь, правда, ты меня,
то прыгни со скалы
в бурлящее и пенящееся море,
так ты любовь свою докажешь.

И я ее любил,
да, я ее любил,
и прыгнул я
в бурлящее и пенящееся море.
Последнее, что видел я,
ее лицо…
„Ах, как любила я его…, –
она стенала –
ах, как его любила я!
Зачем он сделал это,
теперь он мертв, а я одна…“
„Нет, не одна“, утешил
ее дантист…

ПУСТЬ БУДЕТ ВСЕ ПРЕКРАСНО

Пусть будет все прекрасно
от зари до зари,
в эту ночь,
единственную,
пусть будет все прекрасно…

Мы снова юны,
вопреки течению
времени.
Пусть будет все прекрасно
этой ночью,
пусть будет все прекрасно…

Тепло пусть будет
в мансарде
нашей,
тепло пусть будет
в эту ночь,
тепло пусть будет…

Пусть близость будет,
пока время есть,
пусть близость будет
в эту ночь,
пусть близость будет…

Пусть будет все прекрасно
До утренней зари,
в эту ночь,
единственную,
пусть будет все прекрасно…

НИКОГДА БОЛЬШЕ

Это случилось тысячу лет назад,
это случилось тысячу песен назад,
когда вошла в мою жизнь та,
когда вошла в мою жизнь та,
чье имя Карменсита.

Счастье мое не заслужено мной,
несчастье мое созрело.
Любил я ее всей душой
любил я ее всей душой
она же меня лишь терпела.
Прошла с тех пор тысяча лет,
и тысяча кружек выпита.
Она говорила „Люблю тебя“
она говорила „Люблю тебя“,
Лгала она, ох как лгала она!

Однажды сказала мне:
„Все между нами кончено,
я не люблю тебя больше,
да, я не люблю тебя больше,
я не могу тебя больше терпеть.

Было это очень давно
и длилось недолго,
но воспоминания
воспоминания
и сейчас возбуждают голод.

Лишь порой, лишь во сне
она является мне снова,
и говорит „Никогда“,
и говорит: „Никогда“
И исчезает снова.

МОЯ ЛЮБОВТЬ, ТВОЯ ЛЮБОВЬ

Моя любовь
есть крепость на горе,
для вечности построена она.
Твоя любовь
лишь домик из песка,
построена на пляже
в час отлива.

Моя любовь –
звезда
в ночи.
Твоя любовь
лишь метеор,
промчавшийся ракетою по небу.

Моя любовь –
родник
чистейший, как хрусталь.
Тоя любовь –
стакан ликера
в баре.

СИДОНИЯ ГАЛЛ
Sidonia Gall

Родилась в Бургенланде (Австрия), живет и работает в Вене. Пишет стихи, рассказы, радиопьесы, публицистику. Автор четырех книг. Председатель Австрийского Союза писателей.

ЧЕСТНАЯ ИГРА

Это наша дуэль
в словесной игре,
за ней маскируется
эротика
как часть нашей игры;
все это лишь проба
отвергнутой, безоружной близости,
мы обмениваем наши достоинства
на чужое желание,
на в слова облеченные возможности.
Трофеи,
Декорации и добыча,
оружие и утешение.
Фальшивка скрашенной жизни
в игре нами самими выдуманной свободы.
Побеждает тот, кто уходит от этой игры.

НА ЭТОЙ СТОРОНЕ

*

Мы проносимся
мимо ощетинившихся стерней июльских полей,
где краски и зной сливаются воедино,
мы можем бежать от желания,
или сгореть, смешавшись со зноем
собственных чувств,
не думая о том, что будет.

*

Летний зной
пока не враждебен,
краски лета
все они здесь,
в волнующихся бархатных полях
наших чувств,
они не дают дышать,
и лишь ограбленная и побежденная
живет надежда.

*

Мне удается
заставить тебя улыбнуться,
и я нахожу убежище
в нашей любви.
Когда
мы улыбаемся вместе,
у нас есть все.

ВЗГЛЯД

Взгляд,
не все говорящий вначале,
преследующий свою цель.
Слова,
сокрушенные уже до того,
когда были вымолвлены.

Улыбка,
в которой нет сердца.

ЧЕЗАРЕ

В душе ты косматый плут,
Тиль Уленшпигель,
кусающий закрытым ртом,
вздымающий руки
во всем значении жеста –
для защиты, для встречи,
в смирении
и скрытой готовности
к змеиному броску.

***

Ты не тот, за кого себя выдаешь,
а со стороны выглядишь,
как настоящий.
Ты боишься близости,
потому что боишься
огня и насмешки.

***

Carpe diem – лови мгновенье
распускающейся почки
на древе желаний
после десяти лет разлуки.
Не забудь –
это и есть счастье.

Пока время здесь.

***

Фаллические деревья
в окружении плоскостопных богов,
когда в пене мыслей
начинается торжество Афродиты.

ЛЕТО

Ловушки для солнца и ветра
на горячей коже
песня цикад на слуху
вкус морской воды
тихая музыка гимна
вечно хранимая
в молчаливом нашем желании
жизнь
и камешек
отшлифованный
вожделением.

СОЛНЕЧНЫЕ ЗНАКИ

Мы загоним зверя времени
в его резерват
и засыплем его
нашим смехом.

ПОДАРИТЬ

тебе хочу плдарить я что-то другое –
все картины природы,
в которых ты находишь себя,
все голоса, которые радость приносят,
я хоту подарить тебе
все мое время,
если твоего не хватит тебе,
хочу идти с тобой чрез твои беды,
чтобы найти солнечный луч
по которому мы сможем пробежаться вдвоем,
свободные от обязанностей;
все твои глухие страхи
превратить в гладкие камешки,
твои печали
обменять на улыбки.

***

Мы скатаем наши ночные кошмары
в тугие рулоны
и пусть они катятся
на свалку забвения,
тогда мы устроим себе
прекрасный вечер.

БИРЮЗОВЫЕ ГЛАЗА

перистые облака
небесные полосы
золотистая пелена
надежные скалы
в волнах прибоя
нежные и крепкие объятия
сквозь волны и ветер
соли кристаллы на коже
как блестящие белые зубы
глаза бирюзовые
в солнечных гротах моря
хранят желания
в полном молчаньи.

КАРИН ГАЙЕР
Karin Gayer

Родилась в мае 1969 году в небольшом городке под Веной. Живет в Вене. Изучала психологию. Работает ассистентом и редактором в книжном издательстве. Четыре книги, многочисленные публикации в периодике.

ПРОТИВ ВРЕМЕНИ

я выбрала
тебя
я сказала да

ты ждал
меня
я знаю долго

я иду с тобой
есть ли средство
против влияния времени

мы сегодня как
тогда
мы были детьми без фальши

НАМЕРЕНЬЕ ДУШИ

темнота и пожар
в браке сошлись
под кожей моей –
так выбрала я тебя

ты хочешь показать мне
мои врата в преисподнюю
сломив последний заслон
как это нравится мне

но ты ступаешь на путь
лабиринта
ты внедряешься в мою жизнь,
и я теряюсь

приходят холодные ночи, когда
пара – больше не пара,
невысказанные слова
молча ты отпускаешь меня на волю.

ВРЕМЯ

время уходит
и это уходит со временем
прежний огонь затух
под каплями чистой воды
пламенеет пожар
как часто я обжигалась
сосланная искала огня
он обещал мне жизнь

время лечит
все проходит со временем
вышагивая в одиночестве
я не утратила твой образ в дыму
он очень далек
как призрак является мне

потухшая взираю на образ твой
убивая воспоминания
илюзорной любви

ИСКРА

вижу зеленое в сером
свет в темноте твоего вагона
я слышу тихое в громком
звуки, что струятся в сердце
я чувствую улыбку в воде
она встречается с моей

увядают черные лилии
провождают меня в ночи

СТАРАЯ ЛЮБОВЬ СОВСЕМ ПО-НОВОМУ

ты
снова здесь
годы спустя вкус поцелуя
то что казалось утерянным
что было моим
и так все понятно и ясно
и снова сейчас
ты

я вдыхаю тебя
я обретаю покой
я танцую на штанге
ища баланс, и
нахожу счастье

ты
заставляешь меня
годы спустя искать
то что казалось утерянным
что снова мое
все во мне дрожит, потому что
это опять
ты

ОТСУТСТВИЕ ОСЕНИ

застывшие в городе
тени ползут мимо
совсем по-новому
яркие как никогда
они бегут в красных платьица
перед его поездом
последним
было это лето

туманы застывшие среди полей
спускаются ниже
в нежную ночь,
теплую как никогда

она бежит в зеленой шали
к твоей двери, а после
придет зима

СЕГОДНЯ НОЧЬЮ

без родины я
потеряна в этой пустыне
имя которой город

бреду без дороги
хочу убежать из клетки

свободна я
мои шаги изучают
темень ночи

тоска по свободе
желание единения

я влюблена до потери сознания
в твои большие глаза
там, за стойкой бара

пара коротких часов
вправлена в бесконечность времени

В ТВОЕМ САДУ

в твоем саду
открываются тайны
темных плодов

я любила тебя
и я тебя потеряла
влажная от дождей вода
отражает то, что случилось

они сумели
в моих черных снах
растоптать лепески

я потеряла тебя
и я тебя снова любила
пламенеющий мак
владеет моим умом

в твоем саду
молча мечтает цветок
сияя нетронутым блеском

КРАСНЫЙ ОКЕАН

мой челн протекает
все больше в нем дыр
все больше воды
вычерпывать надо

океан там за скалами
бесконечно широк

мое сердце наполнено
все больше черного в красном
тоска неизбывна

твое пребывание там, за границей
это так далеко

НЕХОЖЕННЫМИ ПУТЯМИ

я сегодня проснулась
совсем другой
танцующей в свете
твоего приближения

сбылись
мечты мои

сотри мои сомнения
развей моих страхов
пылающее море
в твоем солнечном сплетении.

наши
нехоженые пути

еще вчера темно было в мыслях
я мерзла в темной гостиной
привязанная к вечному
ничто

ХАЙМО ХАНДЛ
Haimo HANDL

Родился в 1948 году. Изучал политологию в Вене и в США, защитил докторскую диссертацию Фотограф, консультант по вопросам политики и экономики, менеджер, лектор Венского университета, обозреватель, издатель, автор.

УДИВЛЕНИЕ

Когда тени
становились длиннее
я вспоминал тебя.
А еще раньше была бездна
в которую я смотрел и
внезапно почувствовал то,
чего не желал увидеть,
и что заставляло смотреть и видеть,
а это значит,
знать.
Я не мог этого вынести.
Я не мог это держать в себе,
не мог вымолвить слова,
я оставался нем.
Это был взгляд в иной мир,
в черное зеркало чужих вод.

СНАРУЖИ

там, снаружи никого не было,
а здесь, внутри был я,
но сегодня я уже в другом месте
и говорю о тогда,
вспоминаю о том, как было
у домашнего очага,
сегодня я снова снаружи.

Я ДУМАЮ О ВРЕМЕНИ,

как если бы это была женщина.
она парит невнятным очертанием:
окунуться во время,
жить в моем времени.
Невозможность
быть вне моего времени.
никого снаружи.
Как чувствую я себя
погруженным в время?
Врываюсь в помещение
натыкаюсь на стену.
И вот я в комнате.
Никакого сопротивления.
Это похоже на сон.
Письмо лежит на столе.
Вскрываю его взглядом.
Но прежде, чем вскрыть его,
иду с к столу и начинаю писать.
Шрифт рассыпается,
не позволяет себя догнать.

И БЫЛО,

в то время когда защитной оболочкой
меня обволакивали уличный шум
и толпы народа,
парящий, как в сказке, отважный
твой взгляд
встретил меня,
я вышел, любя, из потока
лишь для того, чтобы в следующий миг
снова в него окунуться.
Приветливы лица
и даже там, где маска скрывает
пасмурный лик,
и что самое страшное:
отсутствие лика.
Как люди, такие, как ты и я
чужие и вежливые,
может быть, как обещание.

ДОМ

«Это дом?», - вопрошаю я.
«Нет!», - ответствует он.
«Но я его вижу!»
«Ты ошибаешься!
Ты видишь нечто иное.
Весь мир – это дом.
Мы поднимаемся с этажа на этаж,
порою вступая в чудесный сад,
откуда ты можешь читать
небесные письмена».
«Войдем в этот дом!»
«Ты давно уже в нем»
«Ах вот как…»

ОТКРЫТАЯ УЛИЦА

Мой взгляд врезается,
о стены разбивается он,
рассыпается, становится пылью
смешиваясь с пылью дорог,
ломаются контуры,
раскачиваются дома,
только стены стоят еще,
мой взгляд
пойман,
другой мир
остается скрытым,
незнакомым,
обманчивое предвещание
слабым мечтам
оступившегося,
который хотел свернуть с пути,
который слышит лишь звуки
городского шума,
который ничего иного не зрит
там,
куда не досягает мой взгляд.

ФИЛО ИКОНИЯ
Philo Ikonya

Родилась в Кении, эмигрировала в Австрию. Лирик, прозаист, борец за права человека.

ЛЮБИМА

С улыбкой в сердце
берусь за перо.
Смотри, даже печень моя улыбается,
и в груди моей,
в такие моменты
пульсирует счастье.
В руках твоих нет коварства,
мое сердце теплеет, тебя любя,
и я влюбляюсь в тебя снова и снова.
Мой мужчина, мой муж,
в медовых красках новой действительности
слушает мои слова,
он родил меня заново,
и теперь мы равны,
мы, как двойня.
Новое рождение, возрождение
касание наших рук спасало нас в трудное время,
мы теряли границы
и мы становились единым целым.
Сначала сердцем, потом умом –
платье появляется позже.
Мы вместе шагаем в будущее.

Я ПРЕВРАЩАЮСЬ В ЛЮБОВЬ

В такие времена, как это,
когда ключ в двери
проворачивается по часовой стрелке,
и потеря свободы, она – мой единственный друг,
и двери распахиваются,
я превращаюсь в любовь.
Нежный цветок,
в котором есть все.
И нет больше границ,
это так, как быть должно.
ижу на суше
и мечтаю о приливах,
которые не разрушают.
Сижу в траве
и вижу цветы,
растущие в своей простоте,
они окружают меня, их много,
на километры улыбок и дальних стран,
это наши деревья,
они вокруг нас.
Мы летим.
Для тебя, который провернул ключ,
чтобы открыть двери,
все цветы
превратились в улыбки и радость,
а я превращаюсь в любовь.

Но если пограничники заставят меня пойти назад,
если оставят меня в песках пустыни,
забытую всеми сердцами,
увижу я каплю воды,
нежно бегущую
по листку,
занесенному из дальних стран,

и она отразиться в моих глазах:
это наши реки.
Тогда,
в приливе горячих мыслей, таких горячих,
как только могут выдержать наши сердца,
мы обнимаем друг друга.
Наводнение слов,
сеет траву прозрения и цветы.
Вместе с ними цветет любовь.
Как подсолнухи поворачивают головки
по часовой стрелке,
так слова охлаждают пустыню
и образуют оазис жизни,
чтобы мы остались там навсегда.

А я превращаюсь снова в любовь.

ЛЮБОВЬ СЕЙЧАС

Вчера солнце вставало над Найроби,
после дней, наполненных темнотой.
Но сердце мое не проснулось –
я не слышала твоего голоса.
Словно землею рожденная заново,
проснулась сегодня,
чтобы увидеть зарю,
изнемогшую в ярком сиянье
сверкающих облаков.
Окруженный сумерками,
просыпался ты утром,
утро живет в тебе, как вечная молодость,
как чудесный знак на твоем лице
сейчас.
И к обеду утро еще живо,
оно остается в моем сердце,

я сохраню его до заката,
и если сейчас
оно сплавится с вечерней зарей
и первым блеском звезд,
я шагну к луне,
это мои первые шаги
поэта в его горячности,
к звездам, чтобы увидеть их близко,
когда новое утро грядет
и меняет имя мое
на то, что подходит мне больше,
что было моим всегда, и
звучало всегда звонче.
Это имя меня зовет,
и то, которым
меня называют в деревне,
сейчас, и в любое время –
Стремление к Единению.

АРОМАТЫ

Аромат твоей кожи вдыхаю я,
он встречается с моим запахом,
я чувствую жизнь
в твоем аромате,
твое тепло и сны твои на губах.

Твои глаза – мое зеркало, в них отражаюсь я.
Я приближаюсь, чтоб уловить твое дыхание,
в нем заключается жизнь.
Мы дышим на зеркало,
оно светлеет,
дрожащими огоньками
трепещут в нем наши души.

МАРЛЕН КЮНЕЛЬ
Marlen Kühnel

Родилась в Вене под знаком близнецов, с юности писала стихи и рассказы. Работала менеджером в области показа мод. С 2000 года посвящает себя исключитекльно литературе, пишет лирику и прозу, организует литературные салоны, ведет курсы литературного мастерства.

СОГЛАСИЕ

Когда двое, касаясь друг друга,
теряют себя один в другом,
останавливается время
и устремляется в бесконечность.

Когда потом два тела, покой обретя,
излучают тепло,
время растворяется
в счастье!

Ничто в мире
не может сравниться с этим
все богатства
тонут в этой реке!

Только тепло, только желание быть
в согласии с гармонией чувств
плавут радужными кругами
над нашими головами.

ВЕЧНОСТЬ

Аромат любви
плывет над миром.
Мы не слышим,
как бьют часы.

Стрелки часов
описывают круги,
а мы тонем
в тепле любви.

День идет к завершению,
лишь любовь бессмертна.
Два тела находят друг друга
в своем вожделении.

Время теряет власть,
течет без смысла, без цели,
чувства времени
неподвластны.

Ночь идет к концу,
любовь становится глубже.
Стрелки часов продолжают свой бег.
Вечность бежит…

Любовь – дорога,
она бессмертна.
Оставим надежду людям,
в бесстрашии идущим вперед.

Комната становится миром,
время ничтожно,
когда мы любим друг друга,
все остальное теряет смысл!

ПАРА

Они вступили в чертоги,
едва касаясь друг друга,
но вместе были они,
они осязали.
Взгляды красноречивее слов,
все было ясно и так,
без любви не бывает жизни.

Они были зеркалом мира,
они совершали то,
что совершают влюбленные,
чего нет
в бессердечном покое.

Они были олицетворением жизни,
полны верности и упования,
они давали друг другу то,
что выводит из тьмы на свет.

Они парили в своем мире,
полны любви и доверия.
В других нам нравится
их способность наши дома.

ЭТО БЫЛО КОГДА-ТО

Это было когда-то,
и это было прекрасно.
Вожделение имеет имя.
Надежда имеет лицо.
Это было предчувствие,
но оно не сбылось.

Это было когда-то,
и это было прекрасно.
У любви своя цель.
Наслаждение сада.
Осталось совсем немного
До исполнения желания.

Это было когда-то,
и это было прекрасно.
Вожделение без имени.
Надежда без лица.
Осталось одно лишь предчувствие
и свет там, далеко на горизонте.

СЛЕПОТА ЛЮБВИ

Слеп от любви.
Ужасно.
Прозрение.
Слеп от ревности,
Адская
боль.
Неразорвавшаяся бомба
не подлежит контролю,
она опасна.
Обман зрения
вводит нас
в заблуждение
человеческого существования.
Лишь твое чувство
позволяет тебе быть,
и пить
наслаждение.

ВСЕОБЪЕМЛЮЩЕЕ

Там воркует парочка,
ты стоишь одна.
Они целуются,
Пьют вино.
Ты видишь любовь,
глубоко доверительную.
Ты отворачиваешься.
Там, где любовь,
Всегда есть боль.
Этого ты не хочешь.

Там ссорятся двое,
Ты стоишь одна.
Ты видишь несчастье,
Немой крик.
Чувствуешь ненависть,
глубоко ранящую.
Ты отворачиваешься.
Там, где ненависть так горяча,
всегда прячутся остатки любви.
Лишь бедняки не знают этого.

Там стоит дерево.
Большое и гордое.
Ты видишь силу его,
его драгоценную силу.
Ты чувствуешь
силу в себе.
Склоняешься к дереву.
Потому что там, где твоя любовь
облекает силу,
рвутся ростки к свету.
Ты отдыхаешь в своем покое.
Ты чувствуешь в себе любовь.

СЧАСТЬЕ МАТЕРИ

С первым криком
ребенка
рождается
любовь

в материнском сердце.

Два существа
родились при этом.
Каждая улыбка –
несравнимое счастье.
Каждый плач –
полное страха сострадание.

Несравненная любовь
далеко за пределами смерти.

ДОБРРЕ УТРО!

Когда утро
отражается на твоем лице
и танцует прекрасный свой танец,
колгда нежность
струится из глаз твоих,
губы твои раскрываются в улыбке,
Тогда я вдыхаю твое довольство.
Спешу в день, полный радости,
с улыбкой на моих устах,
которую порождает утро.
И море поет
нам любовные песни,
они бросают свои якоря
в наши серые дни.

ЖИЗНЬ

Птицы рожденные
могут летать;
слезы пролитые
могут иссякнуть;
сердца, нашедшие друг друга,
могут любить;
надежда,
рожденная,
побеждает!

ВЛЮБЛЕННОСТЬ

Это желание
получить больше
и глубже,
это стремление
быть вдвоем.
Это желание
близости,
это стремление
к счастью

В Ин и Янг
наших чувств
лежат
запреты любви.

ГОРЬКАЯ СОЛЬ

Опять
отцветают поздние розы,
опять
улетают птицы еа юг.
Опять
остается пустота
в раненом эго,
в потерянном «ты».

Опять
любят друг друга жуки,
опять
остаются раны
в разлученных сердцах
и в погибшей любви.

Опять
игра
до горького конца,
пока не опустеет
чаша.
напиток роз когда-то
сегодня –
соль и горечь.

ВЕЧНОЕ

Хочу я чувствовать вечно
руку твою на моих волосах,
ее тепло и ласку,
чудо из чудес!

Хочу вдыхать я вечно
аромат кожи твоей,
касающейся моей,
ее тепло меня объемлет!

Хочу смотреть я вечно
в нежное твое лицо,
оно сияет
даже в темноте!

Хочу хранить я вечно
твою любовь,
хочу тонуть в ней
до скончанья дней!

НАСЛАЖДЕНИЕ

Два тела в близости,
кожа ласкает кожу.
Наслаждение.
Губы пьют желане,
вплоть до экстаза,
И потом становится море спокойным.
Так прибой,
медленно отливаясь
в спокойную даль,
вливается в вечность.

ГЕРХАРД ЛЯЙТГЕБ
Gerhard Leitgeb

Родился в 1937 году, живет в Вене. Лирик. Многочисленые публикации в периодической печати и в антологиях как в Австирии, так и за рубежом. Генеральный секретарь общества писателей-католиков.

ОСЕННИЙ ДЕНЬ

волшебный день
в конце сентября
счастливая игра
кончающегося года

искрящийся
танцует свет
луч как дорога
в страну исполнения желаний

решительное молчание
вопросительные поцелуи
прекрасный
и сладкий страх

сердцебиение
как пойманная птица
в сетях
серебряных снов

ВОЙДИ ЛЕГКИМ ШАГОМ

в тишине
запущенного сада
расцветут цветы
под твоим взглядом
их аромат смешается
с твоим дыханием
решительно шагнешь
в чертог
твоих фантазий
здесь ты свободна
играть по правилам
или без.

ЕЩЕ РАЗ…

Вчера увидел я тебя
и все часы остановились.
Твоим сердцебиением отныне
отмеривается мое время,
твое дыхание,
смешивающееся с моим.

Лилейно белая тоска
несет меня сквозь день.

И юной почкой в солнце юном
цветет моя любовь.
Цветет она
лишь для тебя.

УНДИНА

Вышла
из вод морских
глаза изумрудные
тайной окутан взгляд
обаяния полный.

Давно сошла
чешуя с плеч ее
в свете луны
светится серебро волос.

Ты зовешь ее тихо
именем верным
она выходит на берег
чтобы тебя погрузить
в воды любви
женщины из моря

ТЫ, КАК КОТЕНОК,

лежишь на моей руке.

А я, с учащенно бьющимся сердцем
лежу без движения
нежность моей руки
касается холмика
там, под звездочкой
твоего пупка –
я захлебываюсь
от восторга

УЛЫБКА

Твои глаза
изгнали
тьму
из моего сердца

И все плоды
дальних миров
синие, желтые
красные
это ничто
в сравнении со сладостью
твоих поцелуев

Когда однажды
иссякнут
твои поцелуи
оставь мне
хотя бы
твою улыбку

ЛУНА

Брось хотя бы последний взгляд
на мой бивуак
в холодном, погашенном свете
пусть этот взгляд разрушит
тепло моих снов

пусть останется
только контур
твоего ненасытного тела
на сетчатке
моих закрытых глаз

ВДОХНОВЛЕННЫЕ ЭРОСОМ

Зарывшись в скомканную постель
лежишь, как кошка,
насыщенная любовью

А я возвращаюсь
в мое одиночество,
потерянный в твоем
равнодушии,

и тоска по тебе
объемлет меня
сладкой и острой болью

КОГДА ЗА МОИМ ОКНОМ

Юный день
начинается
открывая
то что скрывалось в ночи
лежу тихо
не открывая глаз
чтоб не разрушить
тайну
нашей ушедшей ночи

СОН

это младший брат смерти
он игрив и нежен
мы гости в его королевстве –
никогда
не возражает он нам,
когда мы хотим
вернуться домой.

Пока дыхание наполняет комнату
и сон покоится
на наших лицах,
никто не остается один,
потому что те, кого мы любим
приходят во сне к нам

И лишь
когда его старшая сестра
столкнет
одного из нас
в последнюю пропасть
другой останется доживать
на развалинах
разрушенного мира

АНТОН МАРКУ
Anton Марку

Родился в Косово. Изучал педагогику и юриспруденцию в университете в Приштине, диплом защитил в Венском университете. Пять книг, все они переведены на иностранные языки.

ОГОНЬ

При нашей первой встрече
была ты
огоньком свечи

потом была ты
пламень
негасимый

вулкан любви
теперь ты
в ночах без сна безумных

Лаура

ТВОЕ МОЧАНЬЕ

другая
давно б
покинула меня

а ты осталась
и молчишь

ты остаешься
чтобы молча видеть
как я страдаю,
когда ты молчишь

ГЛАЗА

мне взгляд твой
рассказал
о новой страсти
и в нем увидел я
что охладела ты

чужое ожерелье
ласкает твою шею

и поцелуй последний
легок, как ветерок
но не в мой он адрес

ЭТО НЕ ТАК

с затуманенным взглядом
целуешь ты ветер

мы не вместе
уже

лишь влага твоего
дыхания

вот все
что осталось мне

НОВЫЙ ДЕНЬ

поезд ушел
день вчерашний сдал рубежи

не надо смотреть назад
в немые вчерашние дни

на накрытых белым столах
лишь воздух гуляет горячий

любовь пробуждается
под поцелуями

и мы погружаемся
в тихий сон

ИШРАГА МУСТАФА ХАМИД
Ishraga Mustafa Hamid

Родилась в Судане. Живет в Вене. Изучала публицистику. Защитила докторскую диссертацию. Журналист, поэт, писатель.

ВОЖДЕЛЕНИЕ

Убери шипы с роз моего сердца,
покачай печаль моей крови на волнах милосердия,
тогда поднимется пена слез.
Пепел раскидан по равнине надежды.
Буря и крик.
Прилаская меня,
заглуши ураган тоски в моем сердце,
пусть исчезнет пена крика моего,
и власть моих сумерек в твоем сердце.
Целуй меня глубоко,
отдай меня пауку молчания,
и потом покинь безвозвратно.
Как новогодняя елочка, дышу глубоко.
Скрип снега подпевает моей погребальной песне,
мои друзья удалились в ночь,
я осталась одна с тоской в моей памяти.
Снег укрывает стонами печаль моего сердца.
Мои друзья удалились в ночь,
я осталась одна с памятью, звучащей во мне.
Я играла с огнем, чтобы
пробудить твое тело.
Мои слезы, это слезы свечи.

НОЧЬ ДОГОРАЕТ

Поз звуки моего рассказа
танцуют голуби моего сердца,
когда радость ночи уходит. Для кого?
Я распята на кресте моей последней надежды,
я танцую вокруг новогоднего дерева.
Оно – свидетель моего терпения.
Скрывая беду моего сердца,
шагаю вперед.
Тоскую по рассыпавшейся низке кораллов.
Моя печаль, это пепел белого снега…
Звон чашки в руке моей матери.
Кофейные деревья.
Руки, вливающие в меня меланхолию.
Я сгораю в моем пожаре, я обнимаю пламя.
О, моя флейта!
Султан моего сердца!
Высоко вздымается пиния
в полной свободе вздохов.
В дожде влечения, возгорания.
Будь смелой,
Заключи себя в чертог своего сердца.
Тонкая грань меж насилием и вожделением,
Между стен моего существа.
Я разумна.
Твои глаза – это огненные корабли
моего изгнания.
Стою в ожидании,
молюсь о себе.

ВЛАЖНОСТЬ ЖАРЫ,

Ты, отсутствующий во времени,
затмевающий мои звезды,
будь осторожен.
Мое сердце – сладкий и сочный плод.
Пустыня в пене желания,
и ты.
Ты – упрямая радость,
дым стихов моих.
Суть наших душ.
Ветви сандала, ручьи моей страсти.
А у тебя только песок.
Слезы учат меня быть упрямой.
Печаль, таящаяся в твоих зрачках
не позволяет приблизиться.

Твоя роса опьяняет меня,
глубокие вздохи
на простынях нашей последней ночи,
остатки кофейной гущи на обрывках моей песни.
Мой пенный имбирь.

Цвет моих воздыханий,
о, ты, мой цвет!
Вонзись однажды в несбывшееся,
раздели меня на море и реку.
Моя тоска поет,
я пишу, мой любимый, и ты не ленись,
попробуй растопить лед,
что лежит в Альпах.

ЛИШЬ ОДИН ТОЛЬКО РАЗ

Приди… Один только шаг, это нетрудно.
Не бойся этой волшебной реки,
мы празднуем дождь!
Капля меж глаз твоих
Смоет мое смущение…

НЕ ЗАЖИГАЙ ОГНЯ

Чтобы пепел моих песен не осел на моем сердце.
Я иду к тебе шагами несмелыми.
Я была сумасшедшей, когда несла
тебя и себя на руках в огонь.
И этот огонь проник в меня.
Мороз в сердечном моем огне.
Я зову его,
этот пустынный день. О, ты, огонь!
В ужасе я вхожу в него.
Меня поглотили мое вожделение
и соль моей верности.
Светлое моей памяти исчерпало себя.
Моя пиния еще стоит,
она взирает на погасшие звезды,
а я проклинаю небесные светила.
Знамя вызова воскрешает меня.
Наложила косметику,
жду тебя.
Опьяненная тоскливым желанием зову я тебя,
о, приди!
Напиши слова на двери забвения,
на живой древесине,
заставь деверь томиться в бессоннице!
А я станцую под музыку твоих шагов,
может быть…

ХЕЛЬМУТ А. НИДЕРЛЕ
Helmuth A. Niederle

Родился в 1949 году в Вене. Автор, переводчик, издатель, публицист, с 2011 года – президент Австрийского ПЕН-клуба.

ВДВОЕМ

Когда тела наши
становятся теплым источником,
когда они находят ритмы,
присущие только нам,
и нас настигает страсть,
с вкусом нектара
на кончике языка,
знаем мы,
за силою наших тел
скрывается нечто
большее.

ДАВИЛЬНЯ

Когда твое тело,
трепещет
подобно осеннему древу,
это не значит,
что оно увядает,
нет, оно достигает зрелости:
молодое вино становится выдержанным.

БЛИЗОСТЬ

Когда я, вожделея, глажу тебя,
и ты
прижимаясь ко мне,
возбуждению чужда,
и лишь
глубже погружаешься в сон,
я понимаю,
тебе со мной хорошо,
ты отдыхаешь рядом со мной
от трудов дневных.

Это доверие мне дороже
страсти юных, ушедших лет.

СЛОВА ЛЮБВИ
(Благоразумное)

Чудесный жемчуг хочу подарить тебе
из страны,
в которой нет водоемов.

Дом построить тебе хочу,
но не из камня,
дом с крышей,
отрытой ветрам
и дождю,
в той стране, где
где не бывает дождей.

Хочу видеть тебя сидящей
под тенью развесистой пальмы,
в стране,
где не растет дерев.

Над горами
хочу летать с тобой
там, где нет гор,
в море купаться,
которое давно иссякло.

А когда мы состаримся,
мы выстроим п
есчаные крепости наших детских дней,
чтобы они обероегали нас.

Ты понимаешь мои слова
даже в их бессмысленности,
это наши тайные игры.

Мои, твои, наши слова невозможны,
как наша любовь, они
доверчивы и далеки
  нежны и строптивы,
…смешны и серьезны.

КРИСТИНА НИРАДИ
Christine Nyirady

Родилась в Иннсбруке. Изучала музыку и вокал. Позже – графику и фотографию. Художник и поэт, соединяющий в своих работах искусство слова с изобразительным искусством.

ЦВЕТ, ЛЮБОВЬ И ПОЭЗИЯ

Как прекрасно то,
что ты идешь рядом со мной и Ореадой,
сестрой души моей,
нашей дорогой сердца.
Долой от автострады эмоций,
от камнепада слов, –
без гонки по „трассе в сердца“,
ты знаешь, в конце всегда крутой поворот.

Ореада ведет нас пестрым садом стихов.
На запретной тропе
ждут тебя настроения краски,
и картины сменяют друг друга,
ты найдешь среди них свою.

В необъятном раю, в моем сердце живут
цвет, любовь и поэзия.
Ореада взращивает виноградники слов,
поливает лирический сад,
чтобы я с пером и кистью в руке
могла танцевать.

Не сразу узнаешь ты,

где Ореада, где я, где мы.
Порой внушает она крылатое слово,
порой это только звук.
А в другой раз это краски,
но где-то потом, все это вместе.

Мы всегда любим сказки.
Немного сказки живет и в твоей душе.
Ты носишь тайну в себе,
и удивляешься,
когда раскрываются тайны твоей души.

Любовь? Я знаю – вокруг, на всех языках
это слово стало банальным.
Разве что любовь к богу остается чиста…
И чего только не любим мы, начиная с помфрита?
Бюргеркинг, колу, шанель и диор, эспрессо
и Жоржа Клуни…

И все же… и все же…
Счастливое это слово переживет катаклизмы,
пройдет сквозь тину и пыль,
чтобы вновь засверкать огнем чистоты.

Ключ к душе человека
не в многой премудрости,
он – в любви.
Тот, кто сказал это, – брат мне.

Может, откроешь ты пятое время года,
когда за секунду
проделаешь путь над словами, над миром,
чтобы в себе открыть то, что забыто давно.

***

Порой ожидание нужно
мечте, открывающей космос,
и делающей неповторимым
то, что живет в тебе.
В такие моменты
приходит счастье
осознанья себя
как части вечного целого.

Мы все еще носим маски
на наших лицах.
Их надо снять для того,
чтобы познать себя

***

Поднимись со мною на скалы,
туда, где находит приют Ореада;
шатер неба простерся над нами,
это крыша нашего дома.

Позволь пригласить тебя
на концерт тишины;
сомкни свои веки, спи.

Ореада дарит тебе
подарок снов.

***

Давай нырнем
в реку нежности
весенних воспоминаний:

он явился в ночи
после снежно-дождливых дней,
желтым огнем
пронзая небо.

Мысли, как аккорды летят,
мечты превращая в звуки.
Сегодня решили мы
сердечную тайну открыть,
тоска висит на волшебной нити…

***

Как гора водопада
буйно срывается вниз,

так бушуют слова,
в лихорадочных красках,

картина и слове,
слово в картине,

и в глубине…

***
Взгляд в небо
голубое небо Шагала
золотистые снопы света

нежность вплетена
в радугу

секунда и вечность
в твоем объятии…

ЧЕРНАЯ РОЗА

Послушай, сестра,
если такое случится,
что что-то в тебе запретит тебе двигаться
вперед так,
как это было всегда, подумай,
может быть это знак.
Может, настало время остановиться
и заглянуть в себя.

Время открыть глаза и напрячь слух,
чтобы услышать
старую женщину, что стоит в конце твоего пути
и смотрит приветливым взглядом,
мы знаем, это она
приведет нас однажды домой,
где цветет желанная черная роза.

И мы отправимся в путь,
нашей отваги хватит.

Преодолеем обман зеркал, и
сладкие объятия лени.

На мягких подошвах умысла,
надвинув на уши
шлем равнодушия,

забудем на время свое довольство,
чтобы соскрести ржавчину
одержимости.

Смоем желания,
вожделению
наступим на лапу.

Послушай, сестра,
когда мы потом, нагие и спокойные
сядем рядом,
и от нас повеет ароматом нашего пола,
мы уподобимся сосуду для того,
о чем молчали всю жизнь.

ПОЛЕТ БАБОЧКИ

пролетев над твоею кожей
слегка коснулась твердыни земли

взлет и
свобода
падения

в реку твоего сердца,
в надежное укрытие
теплого пурпура.

СИЕСТА

Здесь, на острове безмятежности,
которая касается моего пульса,
в зарослях вереска
дремлет мое сердце.

На теплых, летних камнях
отдыхает время,
и лишь пара птиц в вышине летит своим путем.

Из ночи поцелуев,
телом пьяна,
потеряна в чувствах,
стремиться моя душа наружу,
и возвращается с каждой волной
примиренная в свой круг.

НИЗКИЙ ПОЛЕТ

В танце с тобой на розовых облаках
достаточного одного неверного шага,
чтобы очнуться в ложе терновника.

Гром гремит и сверкают молнии
в теле моем, разрывая его.

В танце с тобой на розовых облаках
взлетела я высоко,
и низко пала –
в терновое ложе
реальности.

ЛЮБИМЫЙ

Вдали от тебя
разрывают мой парус
ветра

НАМЕРЕНЬЕ

Пока сил моих хватит,
я буду жить
в любви и смирении,
не ожидая плодов,
нас одаряющих.

НИЩЕНКА

Голова покрыта черным платком,
спина согнута,
она сидит на улице,
униженная и голодная, ладошками кверху.
Шаги прохожих вздымают пыль,
монетки падают равнодушно
в остывшие руки.
Может, и она танцевала когда-то
с цветком в волосах вокруг ночного огня,
но огонь ее глаз давно превратился в пепел.
Холод забвения объял ее тело,
никто не помнит о ней,
Беззащитная Черная Роза…

ПОТЕРЯНА ВО ВРЕМЕНИ

Раньше летело сердце мое подобно ласточке
из года в год,
время было не время,
еще не разлетелось оно миллионом осколков.
Сегодня усталая бабочка сердца
мыкается изо дня в день,
питаясь воспоминаниями,
в надежде проснуться весной
обновленной.

ПРЕДЧУВСТВИЕ

Лишь понимая,
что в нашей слабости кроется
наша сила, а в потере скрываются
победа и шанс,
находим мы
нить мира и можем
вновь обрести наш путь.

ВОПРОС

Кто заставляет нас
плясать на тонком льду
неверных решений,
вместо того,
чтобы дать расцвети мечте,
и совершить самое важное?

ПРИЗЫВ

Мы не можем быть настолько внимательны,
добры и отзывчивы
ко всему, что нас окружает,
чтобы вечером сказать себе,
мой день был полон смысла.
Благодарю творца за то,
что, несмотря на всю боль этого мира,
я жила и любила, и меня
не покидала надежда.

КАЖДЫЙ ЧЕЛОВЕК

Все равно, какой у тебя цвет кожи,
в какого бога ты веришь, и кто твой народ,
если мы не причиняем зла ближнему,
не обижаем униженных,
мы все равны.

ДОРОТЕА НЮРНБЕРГ
Dorothea Nürnberg

*Родилась в Граце. Училась в Сорбонне
(Париж). Менеджер в области искусства.
Автор романов, сборников стихов, сце-
нариев, фотоальбомов.*

КРИК

Не уходи
из наших черно-желтых ночей
из красно-желтых погибших дней
из сине-зеленых захлебывающихся часов.

Не уходи
из бессмысленно оборванного смеха
из бесполезно высохших слез
из ран нанесенных мною самой себе.

Нам не удастся
любовь связать
ее металл крепче
чем наши стрелы
выкованные
из жажды власти
из тлена гордыни
из ярости сердца.

ПОИСК СЛЕДОВ

Я думала
я нашла тебя
мысль твоя лежала
одиноко в траве

Я думала
я допыталась до правды
биение твоего сердца
тихо наполнялоночь

Во сне
я познала тебя
твой взгляд
пронизал завесу тумана

И я наделась
я дорога тебе
твой посев
во мне прорастает

С ТОБОЙ

Обернувшись
плащом твоей любви

сотканным
из пряжи надежд

увязшая
в сети твоих страхов

замурована
в стенах твоего молчанья

заключенная
в башнях ожиданий
узнаю себя
от- граниченную
от тебя
От-граниченную самой собой

сердце

СДВИГИ ВО ВРЕМЕНИ

Лежа на зимнем солнце,
я мечтаю с тобой,
в то время как ты
бродишь тропиками дальних стран

Мы плетем с тобою
венки из цветов,
в то время, как ты
пишешь стихи при луне

Я скольжу с тобой
средь синих каскадов
в то время, как ты
гуляешь со мною среди звезд

Я бегу с тобою
сквозь время
в то время как ты
мечтаешь со мною о вечности.

Спасает нас
вся наша правда
от тоски
ненасытности нашей.

ПРОЕКЦИЯ

С тобою
в зеркальной комнате мечтаний

Ты смотришь на меня
в глаза мои
источник радости твоей
во мне
изведав

Мой взгляд к тебе
забытое желанье
несокрушимая надежда
моя ожившая
в тебе

Заблудшие чувства
надежды живые
взметнувшие звезды
в звенящем стекле

Глядя в себя
мы ищем
дорогу
из призмы
своих картин

НЕВИДИМОЕ

На
Незримом ковре
стихов моих, в которых
жизнь струится
сквозь сердце мое
и пишет сама себя

Лечу я,
незнакомая себе самой
вперед
к истокам
собственного начала,
где меня ждет
любовь

ГРАНИЦЫ МИРА

Мы думали
мы можем мирозданье
в слова облечь

И мы пытались
границы мира
одолеть словами

Мы помнили
границы языка
есть рубежи у мира твоего

Интуицию
не выразить словами

Нежное знание
словом замуровано

Парящее желание
разбито словами

Границы нашей любви
есть границы нашего мира.

ОТПУЩЕНА

Нежданно
заявляет любовь
свое безвременное право

неузнанная
ждет любовь
в своих безвременных одеждах

безнадежно
поет любовь
свою безвременную песню

я отваживаюсь на прыжок
я падаю
мимо
стеклянных стен
деревянных окон
стальных ворот

ПОВОРОТ ВРЕМЕНИ

Следы без дороги
ракушек обломки в песке

Несостоявшаяся близость
разбита о серые скалы

Погибшая нежность
в белой пене сошла на нет

Несбывшееся желание
умирает под ярким солнцем в песке

На волнах
качаются
синие мысли
изъедены солью,
истерзаны ветром

В волнах
просыпается
любовь
в желании выбраться
из этой молочной ночи

НЕРАЗДЕЛЬНОЕ

Я ловлю
твое настроение
я вижу
молчанье источника

Я пью
твои взгляды

я чувствую
как светятся краски

Я дышу
твоей кожей
я вдыхаю
аромат
красок тропической ночи

Я слышу
мысли твои
и молча
осязаем мы
бесконечную пустоту
на разломанной раковине
времени
и пространства.

СОЛНЕЧНЫЙ ПОЛЕТ

Вне времени и пространства
наша тоска плывет
сквозь буйство весны
растворяется надежда

под тающим снегом
уходит близость
туда, где лед.

Просыпаются наши часы
в сизой дымке
поднимается нежность
из опавшей листвы
и снова живет любовь
в полях, залитых солнцем.

Две гусеницы
расправляют крылья
и возникают
преображенные
в светлом полете
из смерти
в жизнь
из „быть“
в „исчезнуть“

ВОСКРЕСЕНИЕ

Выпала
из игры самоудаления

вытолкнута
из борьбы титанов

выдворена
из предписаний безопасности

я

вступила
в молчание самообретения

очнулась
из иллюзий к жизни

воскресла
в л ю б в и,
которая несет меня

в свет

РАЗДЕЛЕНИЕ

Мои мысли
уходят
в эксил

мои чувства
проистекают
из родника

мое сознание
утекает
в чужое

мое предчувствие
указывает
дорогу

мое знание
играет
сомнением

мое доверие
стремится
в середину

мой опыт
требует
стать

Любовь
учит меня
б ы т ь

СИНЕ-ЗЕЛЕНЫЕ ПЕРЕПЛЕТЕНИЯ

Я рисую
нашу любовь
тихим голосом
сине-зеленых слов
на лучистом фоне.

Я пою
нашу любовь

ожившими красками
сине-зеленых точек
из переливчатых звуков.

Я пишу
нашу любовь
скрытыми картинами
сине-зеленых звуков
словами без слов.

Я плету
нашу любовь
из сине-зеленых искр,
сплетая картину
в золоте сияющей
песни.

ЛИАНА ПРЕСИЧ-ПЕТУЭЛЛИ
Liane Presich-Petuelli

Родилась в Айзенштадте (Австрия), изучала музыку и историю. Прославилась не только как пианистка и поэт, но и как художник.

РАСПЛАТА

Жила легко ты в беззащитный
час,
Когда чужой приблизился к тебе,
Так было, да, луна с вином в союзе.
Тебе казалось, знает он тебя,
Такой же он, как ты. Его ты знала..

И вдруг раскрылось гармонично то,
Что долг и годы взаперти держали,
Из легкости иронии росло
Счастливое, неведомое чувство, ты руки
протянула для объятья, уста для поцелуя отдала.

Струилась нежность из живого родника,
Себя отдать казалось смыслом, целью.
Но тот, кого ждала ты столько лет,
Не был таким, как ты хотела,
в скупых движеньях говорил: я не такой, как ты.

Смятение и стыд лицо твое покрыли.
Беззвучным криком изошли уста.
Судила ты себя сама.
Родник иссяк. Родился этот стих.
И миновала часов твоих
немая беззащитность.

ПОСВЯЩЕНИЕ

Мой друг, тебе пишу стихи.

Подобно ветру ты вздымаешь волны,
спокойный нрав при этом сохранив,
и в ритме пульса песню сотворив,
свечи огонь становится пожаром,
пожатье крепкое стеснительной руки,
шепча слова рот жаждет поцелуя,
улыбкой ты встречаешь утро
меня ты открываешь, и время теряет вес..

Тебе, мой друг, и ласки, и стихи

ФИНАЛ

Еще лежали мы, друг к другу прислонясь,
храня воспоминанье о содроганьи тел,
но мысль свинцовая о близости конца
уже вошла в меня.
Что мучило меня –
твой вздох, твой взгляд, твое молчанье?
Что криком отозвалося во мне?
Что бросило меня назад в меня –
предчувствие конца?

Была ли правда? Где начало лжи?
Давать и брать. Казалось, это было,
И вот, чужая пред тобой стою.
Конец всему.
Прости.

НАЧАЛО

хранят молчание уста
и взгляды
скользят как робкие птенцы
в границах
запрещенного пространства

Касанье лишь
руки к руке
напоминает
невольную игру ветвей
сплетенных вместе
под горячим ветром

НОЧНОЕ

Напрягшееся
порождает бурю.
Рука моя –
покоя жаждущая птица –
летит к твоим вискам
и кружит,
и распростерши крылья
покоя ищет на груди
потеряны во времени
ты вдаль уходишь
в предрассветный час
когда звучит одно лишь слово
признания, потери и конца

***
наш танец на канате
баланс держа
мы совершаем шаг за шагом

нам известна
счастливая и страшная игра
дрожим мы
но играем дальше
наши взгляды
в неверном свете
улыбка робкая
и слово
как пламя на бледнеющем лице

и вот поклон
на па-де-лу
аккорд последний

стоим мы
но довльно
ветерка
и мы
летим
мы падаем

а там освобожденье
смиренье там
сухой источник
там покой

и остаются лишь
ты в твоем Я
и
я в себе

НЕЯСНОЕ

Нет правильного слова у меня
чтобы помочь тебе
стоишь ты
сросшись со скалой
и вздрагиваешь защищаясь
от птицы
касающейся
тебя крылом

я в шар цветной заключена
и радугой скольжу я мимо

инерцию не в силах одолеть
пожалуйста разбей мой шар

сама я не могу.

***
померкло солнце
приглушенный свет
усталый
медленно сходил на нет
я открывала
себя тебе,
ты в нежности
моей купался

но колокол
уже темно
и поздно

и опьяненье оно приходит
и оно уйдет

СВИДАНИЕ

время закрывает все
а это значит
уносится
в забвение
что было
пришел ты
и весенний ветер
мое лицо овеял
упала завеса грусти
и ручьи
запели,
растопивши лед

хранящий что
ты знаешь сам -
что было
что осталось
что
растет

В ЛОДКЕ

Молчишь ты

в волнах не знающих покоя
потонет вечера заря
и ветерок
заблудший
средь пиний
в нежности
теряет сам себя

а ты молчишь
ночь
печальная в челне моем
объемлет сердце

ожидания
не понял ты
слепы твои глаза
рука нема

и я утратила
мой голос

НИНА РОЙТЕР
Nina Roiter

Родилась зимой 1964 году. Вечно в поиске и в пути. Писатель, издатель. www.roiter.at

КОГДА ОНА КРУТИТСЯ

Искрятся картины
карусель чувств
нет времени на раздумья
кожа, поцелуй, тепло рук
ты

ЛЕТНИЙ ВЕЧЕР

Мягкий и сладкий воздух
для любви…

стою у окна и считаю звезды

найду ли я тебя там?
найдем мы друг друга?

О СЧАСТЬЕ ТАК ПРОСТО

Полет ласточек на Эг-Морт
вечер нежен, как шелк, и луна светла

рука на моем плече
разговор
ощущение
это
память о прошлом

А будущее, будет ли оно?

СОМНЕНИЕ

Отчего не находишь ты слов для меня?
Отчего смотришь в сторону?
Расстаемся без поцелуя,
как чужие.

Что будет дальше? Вопрос к себе.
Потеряла себя в тебе.
Безнадежная оптимистка.

ВОПРОСЫ

Вопрос вопросов –
любишь ли меня иль любовь простыла?
Любил ли ты меня?
Были мы вместе?
А если нет, что мы тогда?
Где мое место в твоей жизни?
Есть ли оно?

УЛИЦА С ОДНОСТОРОННИМ ДВИЖЕНИЕМ

1000 писем написано
1000 писем разорвано
900 мейлов написано
900 мейлов в корзине
800 эсэсмесок написано

800 эсэмэсок стерто
1000 мыслей бродит в мозгу
не в силах наружу выбраться
1000 вопросов повисло в воздухе
и… ни одного ответа…

НАПРАСНЫЕ ЖЕЛАНИЯ

Мне хотелось бы
чтобы ты понял
то, что сказать тебе хотела
мне хочется,
что б ты услышал
то, что сказала тебе,
но только вот дверь заперта…

РАЗЛУКА I

То, что было
будет всегда
и даже
если
этого
больше нет

РАЗЛУКА II

Разлука на бумаге это не разлука сердец.
Мне хотелось бы, чтобы ты понял,
почему я решила так,
а не иначе.
Нет дороги назад,
там снаружи
ждет меня жизнь.

ПОБЕГИ

В твоей
белой
квартире прорастает
прошлое
побегами цветов
в настоящее

НАСТОЯЩЕЕ

Солнечное утро.
Только сегодня и здесь.
Черный песок.
Теплая кожа.
Хорошо не знать,
что будет дальше.

ХОЛОД I

Поцелуй меня хотя бы раз.
Обними, погладь мои веки.
Возьми мою боль и печаль.
Укрой меня любовью,
чтобы я не замерзла.

ХОЛОД II

Мое бедное сердце
Ты в печали, в крови,
а снаружи идет снег.
Отчего ты не любишь меня?

НИ ДНЯ

Ни дня не проходит
без того,
чтобы я
не дарила тебе
моих мыслей.
Картины нашей жизни вдвоем
полны света и теней,
печали и счастья.
А теперь
вечера без тебя
и ночи…

ЖЕЛАНИЯ

Вот чего я хочу от тебя:
цветок мака весной,
чашку черного кофе,
воздушный шар, летящий в неведомое,
прогулку в пшеничном поле,
звездное небо августа,
вместе смотреть фильм с Аленом Делоном,
стихов хотелось бы мне,
рисунков,
испанского обеда,
слов и ответов…

Хочу поехать
с тобой в Бретань,
слушать концерт,
танцевать
на палубе парохода,
делить теплый хлеб
при свете свечи…
Руки твои…
И губы…

Горизонт, которому нет конца.

Вот, и это все, чего не хватает мне.

ДЕЖАВЮ

Снова и снова
натыкаюсь
на твои границы,
отлетаю от стен
непонимания и холода.
Вдруг просыпаюсь
и сознаю,
все не так,
как мне хотелоась

НАОБОРОТ

Лето зимой.
Касание кожи.
Без слов
не бывает любви.

КРИСТЛ ШАЙВАЙН
Christl Scheiwein

Родилась в Вене. Пишет стихи и рассказы. Ее стихи положены на музыку. Многочисленные публикации, книги, монографии о художниках.

ЛЕГКОСТЬ

Я могла бы быть твоим облаком,
вечно меняющим цвет и форму.
Я больше не падающая капля,
тяжелая, непременная в своем очертании.
Поэтому сны мои легки и пестры.

Я могла бы быть твоей песней,
 в ней только мелодия,
на линиях, которые никогда не встречаются.
Штрихи тактов я убираю.
Аккомпанируй мне басами жизни.

Я могла бы быть твоей звездой над морем,
раскачиваясь, танцевать для тебя,
или выстроить золотую дорогу.
Не надо якорей,
пусть унесет меня твое дыхание!

ОЧЕНЬ ЛЕТНЕЕ

Жучок зеленый на травинке,
напившись аромата роз,
мечтает о своей любимой,
и, кажется, она его зовет,

на чайной розе
устроила она постель…

НЕЗАБЫВАЮЩИЕ ВЗГЛЯДЫ

Никогда еще не смотрела я в твои глаза,
никогда еще не видела я твоих глаз,
вот так, когда только я и ты

Синева, несущая корабли,
отраженьем в болотистом море,
твой взгляд – синева дальних просторов,
черное небо Нила, мерцание звезд.

Наши тела вошли в наши взгляды,
следуя желанию обретения стен,
наше сердцебиение, пойманное сетчаткой глаза,
пробуждает нас от детских снов.

ДОВЕРИЕ ИЛИ ЛЮБОВЬ?

Отпечатки пальцев
вобрать
в мое сердце,
сохранить
через линию жизни
утонуть
в твоей улыбке

ПЕЧАТЬ ПАЛЬЦЕВ

Из моих ночей
руки,
твои руки,
надежная гавань,
берег, к которому пристают истории
сбегающие с кораблей.
Руки, защищающие от непогоды,
отстраняющие темноту,
твоя линия жизни – мой горизонт.
Дай мне руку твою.

***
Ты покинул
меня,
ты ушел
туда,
где все мы
однажды
бросим наши якоря,
там родина наша, наш дом.

Разгладились морщины лица твоего
мне остается лишь касанье,
котором ты меня пленил.
Во мне живут слова:
«Ты был…»
ты лишь ушел в себя.

НОЧНОЙ ДОЗОР

Просыпаюсь посередине ночи
навстречу волнам твоего дыхания,
в твоих снах просыпаюсь я.

Чувствую посередине ночи
между нами согласие.
В твоих объятиях просыпаюсь я.

Посередине ноги, когда рука твоя,
тяжела от сна, лежит на моем плече,
тогда я – я и тогда я – мы.
Когда просыпаюсь я посередине ночи.

ВСТРЕЧА

Открыта дверь,
она, как рама
между нами.
В смущенье слышим мы
друг друга
чрез порог,
и это,
как касанье

СОГЛАСИЕ

Дорогою разногласий,
изношенностью годов,
и надежд
нашего возраста,

в единении шагов
молча сказать друг другу да.

ЗОЛОТАЯ СВАДЬБА

Вдруг так прозрачен воздух,
и смолкли разговоры.
Молчание соединяет их.
И лишь улыбка иногда,
касаясь уст, растает.
Забыты все разочарованья,
они сидят друг с другом на скамье,
а рядом все, что было в долгой жизни.

«Холодает…», – он говорит,
и спугивает тишину.

ЭЛИЗАБЕТ ШАВЕРДА
Elisabeth Schawerda

Выросла в семье виноделов. Изучала германистику и историю искусств. Доктор филологии. Поэт. Многочисленные публикации в периодике.

ПОЧЕМУ ПУТЕШЕСТВУЕМ МЫ?

Возможно, в надежде
на новое знание?
В мир этот приходим,
в чаянье,
нас ожидает рай.

По опыту знаем,
не для людей он,
жизнь совершенна,
когда в ней покой.

И даже река обрывается в пропасть,
гром водопада
венчает сияние радуги,
покойнее нет ничего.

Там, за гранью, где такие, как мы
дома себе не находят,
умирает желание.

Потому что по нашим следам
тихо шагают стыд и вина.

КОЧЕВНИК В МОЕМ ДОМУ

Кочевник в моем дому,
не разрушай
соты в ульях.
Тебя носит из лета в лето
тоска цвета и
морской волны.
Счастье там,
где живут перелетные птицы…

ТОСКА ПО ЧУЖБИНЕ

Хрупкие планы строить
в веселом огне
не на завтра, на потом,
завтрашний день уже занят.

Стремительно бросить якорь
на цепи мечты,
на легкой цепочке мыслей
в лето грядущее
за грядущим летом.
Шаг желания

уже сделан
в далекое время мечты.
Без головокружения
шагнуть за границы неведомого,
в тот край, где
мысли рядятся
в слова чужих языков,
и где непереводимое
серебрясь, падает в сердце
и прорастает,
и становится древом,
в котором
перелетные птицы находят покой.

ПРИЗНАНИЕ

Это грех первородный:
прозрачной,
как пустота –
стоять меж болью и дитятком.
Жалобы слез.
Вздохи во сне.
Растерянные взгляды с вопросом:
неужто нет ничего,
что сделает боль ошибкой?

Признаюсь: нет ничего..

БОЛИВИЯ
1
Женщины
Цветные платки,
из грубой пряжи
охватывают спины над юбками,
взлетающими от легких шагов.
Что несут они?
Дитя, зерно, траву для коров…
Женщины не бывает без ноши.
Веретено в руках.
Куда держищь путь?
В поля, на рынок, домой,
к ужасу городских окраин,
где мужчины
так быстро теряют надежду,
где они в одиночку
тащат свое повседневное мужество,
чтобы их дети прекрасные очи агнцев
сохранили в себе.

2.
Девочки
Девочки на последней границе детства.
Умны и дерзки, как тому учит бедность.
Они играют, жизнь полна приключений.
Они знают цену каждому днюих кортокого детства.
Есть слова для понятия беззаботность?
Будущее им знакомо.
Пусть продлится их настоящее
хотя бы еще чуть-чуть.

УТРОМ

Еще живут последние карины сна
под закрытыми веками,
тень еще не коснулась твоей роговицы,
но холод пробуждения, он уже близок
виной и стыдом
за себя.

Тяжесть сна пока
не покуинула тела,
но тяжесть мыслей,
она уде здесь.
Мысли
не спят никогда.

Опираясь на эту
бегущую прочь жизнь,
они не признают
ни красоты, ни утешенья,
ни жалости к себе,
они говорят:
„Сознайся..“

И тяжесть сна
сменяется тяжестю жизни…
В картины сна
врывается грубо свет.

МАКСИМЫ

Будь вежлив.
Будь мил.
Будь чуток.

Защищайся.
Наступай.
Давай сдачи.

От костра праотцев наших
Авеля с Каином
жертвенный встает дым,
и голос матери:
„Будьте счастливы, дети!“.

В СЕТИ ДОРОГ

Бездомны годы
от рождения к смерти,
без крыш
под звездами голых небес,
без стен
в суровом холоде ночи.
Кочующие ноги
согревают гранит камней.
В сети дорог
запуталась тень бытия.

ДОВОЛЬНО ОДНОЙ ОПОРНОЙ НОГИ

Стоя твердо на обеих ногах
танцевать невозможно.
Рискни равновесием!
В бесстрашной игре
ддовольно одной опорной ноги.
Легкомыслие приходит в борьбе
с законом притяжения.
Верни своей тени
обаяние детства
Хотя бы на один летний день.

УТРЕННЯЯ ЗАРЯ

Новый день
Льет свет в мое окно.
Он будит меня.
Свет зари на моей стене.
Ветви деревьев кидают
дрожащую тень.
Мой кот ловит мышей в бузине.
Ах, было бы в моей воле,
была б я счастлива теперь.

ЛИПОВЫЙ ЦВЕТ

Полдень.
Ничего, кроме ветра,
гуляющего
по сотням зеленых каналов,
в садах,
ничего, кроме щебета птиц,
обучающих полету птенцов.

Ничего не чувствую я,
кроме солнца и туч.
Ни о чем не мечтаю.

Не думаю о том,
что там, по ту строну цветущей липы.
Собираю цветы
и несу их в дом
И это все.

Аромат гуляет по дому,
цветы пахнут женщиной
и кудрями ребенка.

ЛЕТО

Настало время
насытить жажду бодрости.
И даже в закрытых глазах
остается свет, светлый пурпур,
союз солнца и крови.

Нас ожидает сад.
Нас ожидает прохладный воздух.
Вечер тает неспешно, как мед.
Ночь не трогает ароматов,
она оставляет их дню.

Прийди прежде, чем проснуться птицы,
в коротком сне, который без снов.

ВОСТОК

Как рыжая полосатая кошка,
прыгает солнце в мою постель.
На стенах растворяются тени.

В сухие горячие дни,
когда травы теряют краски,
струятся звуки долины
вместе с восточным ветром за холм.

Часы детства
на садовой стене,
где начинается путь к Востоку,
земля расстилается плоско, до самого неба,

до горизонта, которого нет.
Последние волны
сухого моря.

СМЕДЕРЕВО НА ДУНАЕ

Слово „ау“[2], говорил английский поэт,
самое чудесное слово в немецком,
но он не смотрел туда, где берег,
где луга заливные и остров,
он слушал слово.
Не к башням зубчатым
на свинцовой реке
летел его взор,
не к трубам дымящим,

---

[2] Au (нем.) – низменная местность в пойме реки, речная долина,
пойменный лог

не к черным камням,
не к ржавчине, стекающей по бетону.
Тяжесть ветров
над рекой.
Слог, как капля воды,
падает вниз,
сияет, как глаз.

В МАСТЕРСКОЙ ХУДОЖНИКА

Ее лаборатория в подвальном этаже…
Одно окошко смотрит на Канал.
Свет, отражаясь от воды,
играя, пляшет…
Легкий ветерок
во мраке темных комнат
вьюнка завесу шевелит.

Столешница дала приют
разбросанным кистям и книгам…
Пинцет, два мастихина, смальта…
Кругом муранское стекло
и горы мрамора Каррары.
Разбить их, измельчить, рассыпать…
И разложить на полках по цветам…

Рука в сосуде утонула, полном
журчания кровавого стекла,
и голос нежный тихо произнес
слова…
И облик кроткий молодость хранит,
она вне времени,
как страстное искусство…

КЛАУДИА ТАЛЛЕР
Claudia Taller

Родилась в Линце, выросла в Германии. Живет в Австрии. Психолог, писатель, автор радиопередач.
www.claudia-taller.at

ПОЗДНЯЯ ЛЮБОВЬ

Поздняя любовь, она спокой-
на,
подобна саду в октябре,
безлюдному, стареющему саду,
где розы с поникшими головками стоят
вдоль парковых пустых дорожек.,
Забытый стул, весь выцветший за лето,
он рассказать не может
ничего.
А розы
доверчиво склоняются
друг к другу,
они прожили жизнь
и много
поведать могут,
поздние цветы.

БОЛЬ

Пчела ласкается к цветам,
понятья не имея
о том, что ее ласки
им дарят жизнь.
Твоя любовь и твои ласки,
ты тоже даришь многим их,
но отчего-то
не жизнь несут они,
а горе…

РЕВНОСТЬ

Ревность ищет
и всегда найдет,
пусть даже то, чего и вовсе нет,
она – мучитель
для тех, кто ищет
и для тех,
кто беззаботно лишь смеется,
она не дремлет, и она отыщет –
движенье, взгляд,
чтобы расставить сети
для жертвы,
вот легкая улыбка, вот
движенье губ…

РАНА

Рана первой любви
Заживает, верно,
и новая любовь растет на ней,
и новая потом, и дальше…
Так слой за слоем.
Но приходит день,
и раны не затягиваются больше,
и жизнь становится неспешной, и ты знаешь
что первая любовь, это та рана,
которой не зажить

ЮНАЯ ЖЕНЩИНА

Он любит то, что у него –
но разве это не он сам?
Я люблю то, что он дает,
что я сама себе не дам –
златые украшения, гребешки,
и власть, да, прежде всего власть.
Приобретенная любовь?
Да, он влюблен в меня, и что же –
обязана и я любить его?

ЗАБОТА
Автопортрет одной матери

Да, твой удел – забота,
от самого начала,
любить имеешь право ты,
но не владеть,

Сопровождать имеешь право ты,
сначала за руку,
потом – на расстоянье,
и забота
останется навечно твой удел
до самого конца
твоей лишь жизни

Я – МЕНЯ

Брожу от окна к окну,
Чувственный рот в отраженье, он мой,
Брожу от зеркала к зеркалу,
Высокий лоб в них, он мой.
Шагаю от улыбки к улыбке,
улыбки возвещают мою красоту.
Я люблю их все,
потому что любят они меня,
как люблю их я.

ЗВУКИ
Мысленный разговор

Звуки уходят, куда исчезают они?
Только что родившиеся, уходят они – куда?
Вырванные у струн, у клавишей, уходят они.
Звуки уносятся ветром – куда?
Звуки звучат во мне, живут во мне,
созданные в пылу вдохновенья,
воплощенные в громе аплодисментов –
а я живу в них.

Х.М. МАГДАЛЕНА ТШУРЛОВИТЦ
H. M. Magdalena Tschurlovits

Родилась в Нижней Австрии, занималась книготорговлей. Долгое время жила и работала в Южной Африке. В настоящее время живет в Вене Пишет стихи и прозу, занимется переводами с английского.

ПРОЩАНИЕ

как умирает роза
в вазе стоя
листы желтея вянут
но она
сопротивляется
теченью
времени
еще цветок и нежен
и надежды полон
пыльцу удерживает чаша
в свеченьи лета
аромат
прозрачных одеяний шахрезады
ты чувствуешь еще сильнее
чем можешь это осознать
легчайший дух былого вожделенья
в опущенных, подсохших лепестках
как рот раскрытый в жажде поцелуя
любви, чьей нежностью
ты вновь объят

ТЕБЕ, ПОЛЕ И ПЛУГ!

ранящее слово твое
давно ушло
тяжесть руки твоей
на моем плече
как мотылек
она поднимает меня
и несет вперед
любовь настигает любовь
одиночество отнимает
когда нас двое,
это как поле и плуг

ПОДАРОК

Побелели волосы
морщинки у глаз
и лишь рука твоя
в поиске руки моей
не знает старенья
она любит

СЕРДЕЧНЫЙ ПРИВЕТ

По капле
как капли крови
из пипетки
сердечный привет
посылаю
вдогонку тебе
группа крови
не имеет значенья

если насос
утратил силу
он выдавливает
по капле
уверенность
страсть
надежду
красоту
твоей крови сердца
в мое сердце,
мою кровь сердца
в твое сердце
манну понимания
мантру забвения

АЗБУКА ЛЮБВИ

Кончики пальцев рождают слова
кожа ищет ответа ищет
слов, найти которые дано лишь любви
без синтаксиса, без запятых, без точки

ТОЛЬКО ТАК

Надежней и проще была б моя жизнь
без тебя.
но
не легче.
не лучше
не красивей
не радостней
не более волнующей
не нежней
не наполненней

менее
ранимой
была бы я
без тебя
но я была бы
как незаконченное предложение…

Пока живешь
мечтай
каждый год
прожитый вместе
это драгоценный камень
это признание
в любви
лишь в другом
ты
находишь себя
лишь в другом ты растешь
и зреешь
ты приносишь плоды
завершая себя.

А ЧТО МЕЖДУ ТЕМ

Нет говорит он да говорит она
нет говорит она да говорит он
а между ними лежат миры
не любовь и не дом
порой лишь знак препинания
не на своем месте
как убийство

КОГДА ВСЕ РАВНО

Чемодан упакован
ключи на столе
не хватает лишь слова
из уст твоих
и хлопает дверь
я снаружи
ты бродишь внутри
вперив взгляд в стены
они не дадут ответа,
как не дам его я
но ты задал вопроса
ты думал, ты знаешь
а теперь…
теперь уже поздно спрашивать
ответ повис в воздухе
навечно
мой и твой
не наш

КОГДА ТЫ ПРИЕДЕШЬ В МИЛАН

Надень красные туфли
и отправляйся на поиск любви
она цветет, как дикий чабрец
но пахнет жасмином
для Беттины Эрлих

НЕВЕСТА ВЕТРА

Быть, как ветер
в твоих волосах
на твоем лице
хотела бы я
быть для тебя, как море
в твоей руке
как прибой песка
стремящийся к берегу
быть, как свет,
легко обнимать тебя
едва касаясь
быть ароматом
тающих снегов
насыщенным ночью
и проснувшимся утром
быть, как время,
всесильной и невесомой
без конца и начала
обтекать тебя
жить без цели
легко и играючи
без конца, как свобода
невестой ветра быть тебе
на страде m4

ПЕТЕР ПАУЛЬ ВИПЛИНГЕР
Peter Paul Wiplinger

Писатель, фотограф-художник. Родился в 1939 году в Нижней Австрии. С 1960 живет в Вене. Изучал историю искусств, германистику и философию. 46 изданных книг на 20 языках.

НАШИ ПУТИ

Ты шла
меж лугов
наверх,
к могучему каштану,
усыпанному цветами.

А я спрашивал себя,
где конец твоему пути,
где конец моему пути?

В цветущем бело-розовом мае?
Или в пламенеющей осени?

Потом ты бежала босой
вниз, по дорожке,
чтобы броситься в мои объятия.

Стояла весна.
Середина мая.
Все утопало в цветах.

ВЕЧЕР С ТОБОЙ

мое дыхание
твое молчание

а между ними
одно лишь слово

крик птицы снаружи
там за окном

звуки музыки
снег покрывалом на дереве

ВЕЧЕР НА НАШЕЙ ТЕРРАСЕ

Крики стрижей
Резали воздух.

Горизонт уже
Утопал в закатной заре.

Ты улыбалась мне
Доверительно.

Вкус вина на моем языке,
Сигарета в руке.

Слова, это мосты,
Между мной и тобой.

И позже наши тела
В комнате, где царила ночь.

ЭТОТ МОМЕНТ

все принять
в себя

свет
на камнях

ветер в ветвях

твой смех,
твои волосы

голоса
людей

молчание
неба
этот миг
вечности

ВОСПОМИНАНИЕ

помню
запах
твоих волос

помню
аромат твоей кожи

помню
звук
твоего голоса

помню
твою светлую, радостную
улыбку

помню
твое тихое
люблю тебя

ТЫ ГОВОРИШЬ,
НАМ НАДО ВЕРНУТЬСЯ НАЗАД

ты говоришь
нам надо вернуться назад

одним жестом
который нас снова
уносит

в неизвестность
в печаль
в объятия страха

я говорю
останься
моя фиалка

в этом хаосе
в этой детской игре
жизни и смерти

смотри
растворяются картины

мы так близки
так близки к свету

ЛЕТНЯЯ ЛЮБОВЬ

темно-синим
цветет лаванда

осыпается
цвет
в моем сердце

ты должна спросить
сколько времени остается нам

когда вино в стакане
и поздняя страсть
кто думает о конце

принимай все, как есть
время созреет

конец придет однажды
когда-нибудь ко мне и к тебе

а пока
аромат жасмина

СТИХОТВОРЕНИЕ О ЛЮБВИ

что останется
в памяти

может быть звук
твоего голоса

твоя улыбка
твои черные локоны

тот летний день
когда мы любили друг друга

возле воды
под высоким небом

слова шептали
во время любовной игры

страсть
объятия

и потом
долгое молчание

СТИХОТВОРЕНИЕ О ЛЮБВИ

это нежное касание
биение сердца

полог волос твоих
белоснежность груди

аромат твоей кожи
у окна цветущая липа

вечным останется
наше объятие

СТИХОТВОРЕНИЕ О ЛЮБВИ

ты приходишь
в мои дни
в мои ночи

моя голубка
мой ночной мотыоек

рисуешь в воздухе
нашу любовь

рисуешь на земле
наш страх

рисуешь на воде
нашу надежду

так приходишь ты
так уходишь ты

СТИХОТВОРЕНИЕ О ЛЮБВИ

в тишине
касались друг друга

наши руки
наши тела

иногда пролетало слово
оно заключало нас

день кончался
в белых цветах

как занавес
на окне

в нежном
колыхании ветра

в нашем дыхании
ломалось время

мы знали это
ты и я

СТИХОТВОРЕНИЕ О ЛЮБВИ

твой лик был
прекрасен

ты была так близко
и так далеко

розы цвели
красным для нас

твоя рука
тихо лежала в моей

я знал,
скоро наступит конец

но в тот момент
я был счастлив

СТИХОТВОРЕНИЕ О ЛЮБВИ

твое сердце билось
вблизи от моего

в твоих глазах
полыхал огонь

это любовь
сказала ты тихо

твое дыхание
было горячим

СТИХОТВОРЕНИЕ О ЛЮБВИ

я обещаю тебе
я не стану
искать тебя

я общею тебе
я не стану
думать о тебе

я обещаю тебе
я не стану
печалиться о тебе

я обещаю тебе
я никогда
не вспомню тебя

СТИХОТВОРЕНИЕ О ЛЮБВИ

твоя кожа
была так бела

твое лицо
было так близко

мы слышали
биение

пульса
в наших сердцах

как смочь
вспоминать
об этом

и
не умереть

СТИХОТВОРЕНИЕ О ЛЮБВИ

печаль
написана
в твоих волосах

слова
хранятся
в руке

улыбка
она заставляет
меня дрожать

ты здесь
но кажется мне
ты ушла

остался след
любви и страха
смерть

СТИХОТВОРЕНИЕ О ЛЮБВИ

хочу быть светом
в твоих глазах
камнем в твоей руке

хочу быть цветком
в твоем саду
криком птицы в твоем лесу

хочу быть штормом
в грозовую ночь
грозой в твоем сердце

хочу землей быть
которая тебя укроет
когда меня уже не будет здесь

хочу последней звездой быть
на твоем небосклоне
когда солнце потонет в вечерней заре

хочу быть той легкой нотой
в твоем голосе, которая музыкой
зазвучит в тебе и во мне

СТИХОТВОРЕНИЕ О ЛЮБВИ

с тобой
я не дома

с тобой
я в последнем полете

с тобой
я серебряное сердце

которое ломается
в звуке беззвучно

с тобой
я последнее слово

шепотом сказанное
в звездной ночи

с тобой
я бездонное небо

пока солнце
не сгинуло в вечерней заре

стихотворение
о любви

в блеске света
вижу твое лицо

снег падает
на темный город

любовь это всего лишь сон
шепчешь ты мне

мы проснемся когда-то
отвечаю я

мы расстанемся
я это знаю

СТИХОТВОРЕНИЕ О ЛЮБВИ

за
твоим лицом
исходит кровью луна

твоя кожа
светится белым
меж терновника
синими ягодами

в твоих глазах
плывут мои корабли
под черными парусами

СТИХОТВОРЕНИЕ О ЛЮБВИ

из лживых
объятий

освободившись
обрести свободу

СТИХОТВОРЕНИЕ О ЛЮБВИ

ты говоришь
лето
идет к концу

упала
тень

твоя на мое лицо

а там снаружи
парят чайки

и сердце
начало

замерзать
на холоде

кто встретит меня
весной

когда расцветут
магнолии

СТИХОТВОРЕНИЕ О ЛЮБВИ

в твоих мечтах
хочу жить вечно

в твоем светлом дыхании
зимней ночью

в твоих шагах
когда ты идешь нашей дорогой

в тишине нашей комнаты
когда ты слушаешь музыку

в красном цветке
на подоконнике

я хочу жить
в тебе дальше

после моей смерти

ЗИМОВАТЬ

солнце
слепило меня

а дождь
освежал глаза

кончилось лето
скоро прилетят чайки

зима приносит холод
и смерть

любовь
давно миновала

ПИСЬМО К ТЕБЕ

роза увяла
на твоей могиле

память о тебе
жива в моем сердце

снег тает
на теплом солнце

вечерами горит свеча
в твоей комнате

я пью все больше
и курю всю ночь

разглядываю старые фотографии
мы вместе на море

ты славно так сложена
и кожа у тебя загорелая

небо сегодня синее
снова цветут фиалки

а роза на твоей могиле
уже поникла

ОГЛАВЛЕНИЕ